Parlons et lisons le français plus facilement

Masanori Okubo
Aï Kijima

Editions ASAHI

きみはな —きみと話したい！フランス語 スマート版— HP URL

（音声・映像・その他）
http://text.asahipress.com/text-web/france/kimihana/index.html

前書き

　この教科書は，「きみと話したい！ フランス語」をスマートにしたものです．フランス語を初歩から学習する人にとって，より分かりやすく，より親しみやすい教材となることを目指し，新たに一名の執筆者を加えました．

　各課は，Dialogue, Phrases clé, Petits dialogues et entraînement, Grammaire, Exercices の5部構成とし，Lecture は巻末に移しました．

　Dialogue では，会話のビデオを見ながら，およその意味を理解します．ビデオはパリで収録したもので，フランス人の若い男女が登場し，とても自然な対話をくり広げます．会話の内容がほぼ理解できたら，次に，ビデオに合わせて，会話の反復練習を行います．この練習のために，ビデオには，ゆっくりモードの録画も用意されています．

　Phrases clé では，再編集によって，より明瞭になった主要構文を学習します．

　Petits dialogues et entraînement では，短い会話文を使って反復練習を行い，次に，同じ会話パターンを使った言い換え練習をします．会話文と練習をテーマ毎に一体化することで，効率的に練習することができるようになりました．

　Grammaire では，Petits dialogues et entraînement の口頭練習で体得したことがらを，文法的に整理します．といっても，練習したばかりの，いわば既知の内容をまとめるだけですから，厄介そうな文法事項も，さほど抵抗なく吸収されることと思います．表や例文のレイアウトなどに手が加わり，より見やすくなりました．

　Exercices では，文法事項の理解を深めるための筆記練習を行います．大半は空欄補充問題です．単調さを和らげることを念頭に，ほとんどの問題を新たに書き改めました．

　巻末の Lecture 1～Lecture 14 は，各課の内容に対応した短い読み物です．フランス社会の様々な姿を簡潔に紹介します．ビデオにも収録されています．

　巻末には，Leçon 1～Leçon 14 のすべての単語を網羅した「単語一覧」もあります．見出し語には，日本語の訳語を加えました．言い換え練習や文法練習に必要な単語の意味は，ここで確かめることができます．また，単語帳として，語彙学習にも活用することができます．

　なお，Lecture の単語は，「単語一覧」には含まれていません．読む力をつけるためには，辞書の活用が不可欠です．分からない単語は辞書を使って調べてください．

　Dialogue, Petits dialogues など，Exercices 以外のほぼすべての表現には，音声も付いています．これらは，朝日出版社の Web サイトにアクセスすれば，いつでも聞くことができます．また，Dialogue と Lecture のビデオも，このサイトで見ることができます．予習や復習に，積極的に活用されることを期待します．

　なお，この教科書の校閲にあたっては Ronan Morel 氏に多大な協力をいただきました．またビデオの作成は Patrice Leroy 先生が担当され，動画の効果をフルに生かした作品に仕上げていただきました．お二人に心からお礼申し上げます．

2018年秋　著者一同

目次

フランス語の文字と発音 — 5
1. アルファベ　　2. 綴り字記号　　3. 綴り字と発音
4. リエゾン・アンシェヌマン・エリジョン

Leçon 1　あいさつ，自己紹介 — 8
Phrases clé : あいさつ／聞いてみよう／自己紹介
1. 国籍を表す形容詞　　2. 主語人称代名詞　　3. 動詞の活用：être
国籍，職業

Leçon 2　ほら，あります — 12
Phrases clé : 提示表現／何だろう？／誰のだろう？
1. 名詞の性・数　　2. 不定冠詞　　3. 定冠詞　　4. 場所の前置詞

Leçon 3　持っている？ — 16
Phrases clé : 否定文をつくろう／質問と答え方／役立つあいさつ
1. 動詞の活用：avoir　　2. 疑問文　　3. 否定文　　4. 応答文
数字 0〜20

Leçon 4　どんな言葉？ — 20
Phrases clé : 使ってみよう／詳しく述べる／聞いてみよう
1. 動詞の活用：第1群規則動詞 (-er動詞)　　2. 形容詞　　3. 指示形容詞　　4. 疑問形容詞
5. 所有形容詞

Leçon 5　買いもの — 24
Phrases clé : 欲しい・したい／これ？ それ？／どのくらい？／便利な表現
1. 動詞の活用：vouloir, acheter　　2. 部分冠詞　　3. 量の表現　　4. 中性代名詞 en
5. 指示代名詞 ceci, cela (ça)
数字 21〜2010

Leçon 6　どこに？　　28

Phrases clé：移動しよう／疑問副詞を使って質問してみよう／覚えよう

1. 動詞の活用：aller, venir　　2. 前置詞（à, de）＋定冠詞（le, les）の縮約　　3. 強勢形人称代名詞
4. 疑問副詞のまとめ

曜日，月，四季

Leçon 7　何時に？　　32

Phrases clé：非人称構文を使ってみよう（時間／天気／しなければならない）／質問してみよう
　　　　　　（できる？／誰？ 何？）

1. 動詞の活用：pouvoir, voir, finir, faire　　2. 不定代名詞と不定形容詞

時間の言い方，便利な時間表現 1

Leçon 8　するつもり？　　36

Phrases clé：何を？／〜するところ／〜したばかり／簡単に答えてみよう！

1. 動詞の活用：prendre, boire, partir, sortir　　2. 疑問代名詞「何を」
3. 近接未来形と近接過去形　　4. 中性代名詞 y

フランスの食事

Leçon 9　比べる　　40

Phrases clé：わかっていることを置きかえよう／比べてみよう／質問してみよう

1. 動詞の活用：savoir, mettre　　2. 比較級　　3. 最上級　　4. 指示代名詞「〜のそれ（ら），〜の人（々）」

Leçon 10　知ってる？　　44

Phrases clé：誰を？／私を？ きみを？ それを？／私に？ きみに？ 彼に？

1. 動詞の活用：connaître, attendre　　2. 目的語人称代名詞　　3. 疑問代名詞「誰が」「誰を」

Leçon 11　起きる，寝る，散歩する　　48

Phrases clé：代名動詞を使ってみよう／お互いに／して！ してください！／しましょう！

1. 代名動詞　　2. 命令形

場所の表現

Leçon 12　過去のことを言う 1　　　　　　　　　　　　　　　52

Phrases clé : 過去のことを語ろう／何が？
1. 複合過去形「〜した」　2. 疑問代名詞「何が」

フランスの著名人

Leçon 13　未来のことを言う　　　　　　　　　　　　　　　　56

Phrases clé : 単純未来形を使って言ってみよう／誰がするの？／もし〜なら
1. 単純未来形「〜だろう，〜でしょう」

便利な時間表現 2

Leçon 14　過去のことを言う 2　　　　　　　　　　　　　　　60

Phrases clé : 過去の状態や習慣を語ってみよう／〜しながら〜する
1. 半過去形「〜していた，〜だった」　2. 現在分詞　3. ジェロンディフ

役立つ表現を覚えよう！

Lecture 1~14　　　　　　　　　　　　　　　　　　　　　　　64

1　友達紹介　　　　　　　　2　パリのデパート　　　　　　3　フランスの人口
4　どんな言葉が話されているのか　5　フランスのマーケット　　6　フェスティヴァル
7　オルセー美術館　　　　　8　レストランガイド　　　　　　9　セーヌ川に架かる橋
10　César 賞　　　　　　　11　主治医制度　　　　　　　　12　サッカー Ligue 1
13　大学の学期　　　　　　14　パリのオペラ劇場

Appendice　　　　　　　　　　　　　　　　　　　　　　　　70

1. 名詞・形容詞の複数形（特殊形）　　2. 形容詞の女性形（特殊形）
3. 否定の表現　　　　　　　　　　　　4. 序数詞
5. -er 動詞の例外　　　　　　　　　　6. 不規則動詞の活用
7. 代名動詞の用法　　　　　　　　　　8. 代名動詞の複合過去形
9. 近接未来形と単純未来形　　　　　　10. 受動態
11. 倒置疑問文　　　　　　　　　　　　12. 関係代名詞 qui, que, où, dont
●国名・〜国の・国語

単語一覧　　　　　　　　　　　　　　　　　　　　　　　　　74

フランス語の文字と発音

1 アルファベ alphabet 〔1-2〕

Aa	Bb	Cc	Dd	Ee	Ff	Gg	Hh	Ii	Jj	Kk	Ll	Mm
[ɑ]	[be]	[se]	[de]	[ə]	[ɛf]	[ʒe]	[aʃ]	[i]	[ʒi]	[kɑ]	[ɛl]	[ɛm]

Nn	Oo	Pp	Qq	Rr	Ss	Tt	Uu	Vv	Ww	Xx	Yy	Zz
[ɛn]	[o]	[pe]	[ky]	[ɛːr]	[ɛs]	[te]	[y]	[ve]	[dublǝve]	[iks]	[igrɛk]	[zɛd]

2 綴り字記号 〔1-3〕

アクサン・テギュ (accent aigu)	é	étudiant
アクサン・グラーヴ (accent grave)	à, è, ù	père
アクサン・スィルコンフレックス (accent circonflexe)	â, ê, î, ô, û	tôt, île
セディーユ (cédille)	ç	ça
トレマ (tréma)	ë, ï, ü	naïf
アポストロフ (apostrophe)	'	j'ai
トレ・デュニオン (trait d'union)	-	est-il

3 綴り字と発音 〔1-4〕

① 単母音字

a, à, â	[a] [ɑ]	「ア」	académie, gâteau
i, î, y	[i]	「イ」	ici, dîner, stylo
o, ô	[o] [ɔ]	「オ」	moto, tôt
u, û	[y]	「ユ」	du, sûr
e (語末)	[無音]		elle, votre
e (音節末)	[ə] [無音]		petit, depuis
e (その他)	[e] [ɛ]	「エ」	et, merci
é, è, ê	[e] [ɛ]	「エ」	café, mère, être

② 複母音字

ai	[e] [ɛ]	「エ」	lait, japonais
au, eau	[o] [ɔ]	「オ」	taureau
ou, où	[u]	「ウ」	tout
oi	[wa]	「ゥワ」	avoir, toi
eu, œu	[ø] [œ]	「ウ」	eux, sœur

③ **母音字 ＋ n, m**

an, am, en, em	[ɑ̃]	「アン」	dans, ensemble
in, im, yn, ym	[ɛ̃]	「アン」	jardin, symbole
un, um	[ɛ̃] [œ̃]	「アン」	chacun, parfum
on, om	[ɔ̃]	「オン」	pont, nom, non

④ **子音字**

c	ce, ci, cy	[s]	「ス」	ceci, cycle
	ca, co, cu	[k]	「ク」	café, encore
ç	ça, ço, çu	[s]	「ス」	ça, leçon, reçu
ch		[ʃ]	「シュ」	chaud, chambre
g	ge, gi, gy	[ʒ]	「ジュ」	âge, orange, gibier, gym
	ga, go, gu	[g]	「グ」	gare, gorge, langue
gn		[ɲ]	「ニュ」	agneau, champagne
h		[無音]		hier, hôtel, heure
-ille		[- ij]	「ィユ」	fille, gentille
	ただし右記は	[- il]	「ィル」	tranquille, mille, ville, village
ph		[f]	「フ」	photo, téléphone
qu		[k]	「ク」	quand, que, qui
s	（母音字間）	[z]	「ズ」	rose, maison
s		[s]	「ス」	son, aussi

⑤ **語末の子音字**

原則として発音しません．

　　grand, beaucoup, content, et, pas

ただし，c, r, f, l は発音することが多いです．（英語の careful に含まれる子音字）

　　avec, jour, neuf, journal

⑥ **無音の h と有音の h**

h は常に無音ですが，語頭の h は，無音の h と有音の h に分類されます．

　無音の h で始まる語: 母音で始まる語として扱います． histoire → l'histoire
　有音の h で始まる語: 子音で始まる語として扱います． haricot → le haricot

有音の h は辞書の見出しで記号 (†)(∗) などを付けて示されています．例: † héros

4 リエゾン・アンシェヌマン・エリジョン 🎧 1-5

① **リエゾン** liaison

発音しない語末の子音字に，母音で始まる語が続くとき，発音しない子音字を発音して次の語の母音と連結することがあります．これをリエゾンといいます．

  nous, avons → nous‿avons
  [nu] [avɔ̃] [nuzavɔ̃]

② **アンシェヌマン** enchaînement

発音する語末の子音字に，母音で始まる語が続くとき，この子音字を次の語の母音と連結して発音することがあります．これをアンシェヌマンといいます．

  il, a → il‿a
  [il][a] [ila]

③ **エリジョン** élision

je, ce, de, le, la, ne, que, me, te, se などの語に母音で始まる語が続くと，語末のeあるいはaを省いて次の母音と連結して発音します．eあるいはaを省いた後にはアポストロフ「'」を付けます．これをエリジョンといいます．

  je, ai → j'ai ; que, il → qu'il
  [ʒ] [e] [ʒe] [k] [il] [kil]

Leçon 1 あいさつ, 自己紹介

Dialogue

Julien : Bonjour.
Lucie : Bonjour.
Julien : Je m'appelle Julien. Et toi ?
Lucie : Moi, je m'appelle Lucie.
Julien : Tu es étudiante ?
Lucie : Oui, je suis étudiante.
Julien : Moi aussi, je suis étudiant.

Phrases clé

あいさつ

| Bonjour
Bonsoir
Au revoir | ＋ | Monsieur
Madame |

名前を知らない相手には挨拶にMonsieurやMadameをつけるとより丁寧になります．

Salut !（友達同士の場合に使います．会った時にも別れる時にも使います）

聞いてみよう

Et vous ?　「あなたは？」　　**Et toi ?**　「きみは？」（親しい相手に）

Comment allez-vous ?
　— Je vais bien, merci. **Et vous ?**
　— Moi aussi, je vais bien, merci.

Ça va ?
　— Ça va bien, **et toi ?**
　— Ça va.

自己紹介

Je m'appelle ＋ 自分の名前　「私の名前は〜です」
　Je m'appelle Laurent. Et vous ?
　— Moi, **je m'appelle** Monique.

Je suis (être) ＋ 国籍や職業　「私は〜です」
　Je suis japonais. / **Je suis** japonaise.
　Je suis étudiant. / **Je suis** étudiante.

 ヒント

【国籍】français / française　フランス人
　　　　japonais / japonaise　日本人
【職業】étudiant / étudiante　学生

Leçon 1

Petits dialogues et entraînement 1

Dialogue A

La femme : Tu es français ?　　　　　きみはフランス人なの？

L'homme : Oui, je suis français. Et toi ? Toi aussi, tu es française ?
　　　　　　　　　　　　　　　そう，ぼくはフランス人だ．きみは？ きみもフランス人なの？

La femme : Non, moi, je suis anglaise.　いえ，私はイギリス人よ．

Dialogue A にならって国旗を手がかりに，1〜3のそれぞれの国籍の組み合わせで会話しましょう．

La femme : Tu es (　　　　　　　) ?

L'homme : Oui, je suis (　　　　　　　). Et toi ? Toi aussi, tu es (　　　　　　　) ?

La femme : Non, moi, je suis (　　　　　　　).

1. 　　2.

3.

> **ヒント**
> p.11 の「国籍」を参考に

Dialogue B

La femme : Vous êtes peintre ?　　　　あなたは画家ですか？

L'homme : Oui, je suis peintre. Et vous ?　はい，私は画家です．あなたは？

La femme : Moi, je suis photographe.　私は，写真家です．

Dialogue B にならって1〜3のそれぞれの職業の組み合わせで会話しましょう．

La femme : Vous êtes (　　　　　　　) ?

L'homme : Oui, je suis (　　　　　　　). Et vous ?

La femme : Moi, je suis (　　　　　　　).

> **ヒント**
> p.11 の「職業」を参考に

1. ジャーナリスト / デザイナー　2. 教師 / 学生　3. 医者 / 弁護士

Grammaire 1

1. 国籍を表す形容詞

男性形と女性形があります．男性単数形を基準として，女性形は原則として男性形にe，複数形は単数形にsをつけます．

	男性形	女性形	男性形	女性形
単数	allemand →	allemande	français →	française
複数	allemands	allemandes	français	françaises

françaisのように，sで終わる語は複数形も同じ形になります．

【女性形の例外】

*-en → -enne （enで終わる語はneをつける）

   coréen / coréenne　韓国人　　　indonésien / indonésienne　インドネシア人

*-e → -e （eで終わる語は男性形も女性形も同じ形）

   belge / belge　ベルギー人　　　russe / russe　ロシア人

【職業を表す名詞】

男性形にeを付けて女性形をつくるものがあります．

   étudiant / étudiante　学生　　　avocat / avocate　弁護士

2. 主語人称代名詞

je （私は）	nous （私たちは）
tu* （きみは）	vous （あなたたちは）
il （彼は）	ils （彼らは）
elle （彼女は）	elles （彼女らは）

*tuは親しい人（単数）に対して使います．
目上の人に対しては相手が1人でも複数でもvousを用います．
ellesは全員が女性のときに使います．

3. 動詞の活用

être （～である）	
je suis	nous sommes
tu es	vous êtes
il est	ils sont
elle est	elles sont

vous‿êtes　リエゾン

il‿est, elle‿est　アンシェヌマン

Il est étudiant.　　　　　　　彼は学生です．　　　　　Jean est étudiant.　　ジャンは学生です．
Elles sont étudiantes.　　　　彼女たちは学生です．
Marie et Lucie sont étudiantes.　マリーとリュシーは学生です．

Leçon 1

Exercices 1

1. （ ）に être の適切な活用形を記入しましょう．

1. Vous （　　　　　） américains ?
2. Nous （　　　　　） japonais.
3. Elle （　　　　　） étudiante.
4. Julien et Lucie （　　　　　） français.

2. 例にならって「男性」は「女性」に，「女性」は「男性」に書きかえましょう．

例 : Il est français. → Elle est française.

1. Je suis japonais. →
2. Elle est espagnole. →
3. Ils sont chinois. →
4. Elles sont étudiantes. →

3. （ ）に文末の指示に従って適語を記入しましょう．

1. Vous êtes thaïlandais ?　— Oui, je suis （　　　　　）. (タイ人)
2. Elle est anglaise ?　— Non, elle est （　　　　　）. (フランス人)
3. Tu es chinoise ?　— Non, je suis （　　　　　）. (日本人)
4. Vous êtes belges ?　— Non, nous sommes （　　　　　）. (ロシア人)

【国籍】

allemand / allemande	ドイツ人	américain / américaine	アメリカ人
anglais / anglaise	イギリス人	italien / italienne	イタリア人
chinois / chinoise	中国人	espagnol / espagnole	スペイン人
thaïlandais / thaïlandaise	タイ人	vietnamien / vietnamienne	ヴェトナム人

【職業】

avocat(e)	弁護士	étudiant(e)	学生
journaliste	ジャーナリスト	médecin	医者
peintre	画家	photographe	写真家
professeur	教師	styliste	デザイナー

Leçon 2 ほら，あります

Dialogue

Julien : Ah ! Voilà un grand magasin.
　　　　Il y a des articles variés.
　　　　Voici des vêtements. Il y a
　　　　des pantalons…, et des vestes…,
　　　　et des jupes, …
Lucie : Il y a aussi des meubles ?
Julien : Oui, bien sûr. Voilà des tables, des chaises, des lits, des armoires, …
Lucie : Et ça, qu'est-ce que c'est ?
Julien : Ce sont des commodes.

Phrases clé

提示表現

Voilà / Voici + 不定冠詞 + 名詞　「ほら，〜です」
　　Voilà un pantalon.　　ほら，ズボンがあります．
　　Voici une veste.　　　ほら，ジャケットがあります．

Il y a + 不定冠詞 + 名詞（+ 場所）　「(場所に) 〜があります」
　　Il y a des jupes.　　　　　　　スカートがあります．
　　Il y a un livre **sur** la table.　　テーブルの上に本があります．
　　Il y a des sacs **dans** la voiture.　車の中にバッグがあります．

何だろう？

Qu'est-ce que c'est ?　「これは何ですか？」
　　Qu'est-ce que c'est ?
　　　— **C'est** un sac. / **C'est** une chaise. / **Ce sont** des voitures.
　　　　それはバッグです． / それはイスです． / それらは車です．

誰のだろう？

C'est + 定冠詞 + 名詞 + de + 人物　「これは (人物) の〜です」
　　C'est le sac **de** Jean.　　これはジャンのバッグです．
　　C'est la chaise **de** Lucie.　これはリュシーのイスです．

Leçon 2

Petits dialogues et entraînement 2

Dialogue A

Qu'est-ce que c'est ? これは何ですか？ — C'est une commode.　整理だんすです．

Et ça, qu'est-ce que c'est ? それからこれ，これは何ですか？

— Ce sont des vêtements. 衣類です．

Dialogue A にならって 1〜6 の図を見ながら会話をしましょう．

Qu'est-ce que c'est ?　　— C'est (　　) (　　　　　).

1.
chaise

2.
lit

3.
sac

Et ça, qu'est-ce que c'est ?　— Ce sont (　　) (　　　　　).

4.
voitures

5.
armoires

6.
vélos

Dialogue B

— Voilà la tour Eiffel.　　　ほら，それがエッフェル塔です．
— Et là ? Qu'est-ce que c'est ?　それからあれ，あれは何ですか？
— C'est le Grand Palais.　　グラン・パレです．

Dialogue B にならって 1〜2 の二組の図を見ながら会話をしましょう．[　] には複数の語が入ることがあります．

— Voilà (　　) [　　　　　].
— Et là ? Qu'est-ce que c'est ?
— C'est (　　) [　　　　　].

ヒント
gare (f.)　駅
chapelle (f.)　教会

1.
Panthéon　　　Pont-Neuf

2.
gare de Lyon　　Sainte-Chapelle

Grammaire 2

1. 名詞の性・数

【男性/女性】 フランス語ではすべての名詞が男性名詞か女性名詞に分かれます．

	生物		無生物	
男性名詞	père	garçon	lit	hôtel
女性名詞	mère	fille	table	armoire

生物は自然の性にほぼ一致しますが，無生物には文法上の性があります．

【単数/複数】 複数形は原則として単数形にsをつけて作ります．このsは発音しません．

単	複
lit ➡	lits
table ➡	tables

busのようにsで終わる語は単・複同形です．
複数形の例外についてはAppendice 1を見てみましょう．

2. 不定冠詞

数えられる名詞につけ，「ある１つの〜」「いくつかの〜」を意味します．

	単数	複数
男性	un	des
女性	une	

un lit　des lits　　un hôtel　des hôtels
une table　des tables　　une armoire　des armoires

3. 定冠詞

文脈や場面から特定できる名詞や，総称としての名詞につけ，「その〜」「〜というもの」を意味します．

	単数	複数
男性	le	les
女性	la	

le lit　les lits　　l'hôtel　les hôtels
la table　les tables　　l'armoire　les armoires

母音または無音のhの前ではle, laともにl'となります．

Il y a un chat. C'est le chat de Jean.　一匹の猫がいます．それはジャンの猫です．
Le lit est un meuble.　　　　　　　　ベッドというものは家具の一つです．

4. 場所の前置詞

sur（〜の上に）：Le sac est sur la table.　　バッグはテーブルの上にあります．
sous（〜の下に）：Le chat est sous le lit.　　猫はベッドの下にいます．
dans（〜の中に）：Le pantalon est dans l'armoire.　ズボンは洋服だんすの中にあります．

Lecçon 2

Exercices 2

1. 例にならって「単数」は「複数」に，「複数」は「単数」に書きかえましょう．

例： C'est un pantalon. → Ce sont des pantalons.

1. C'est un chat. → Ce sont (　　　) (　　　).
2. C'est une chaise. → Ce sont (　　　) (　　　).
3. Ce sont des lits. → C'est (　　　) (　　　).
4. Ce sont des tables. → C'est (　　　) (　　　).

2. (　) に不定冠詞を，[　] には定冠詞を記入しましょう．

1. Il y a (　　) voitures. Ce sont [　　] voitures de Paul.
2. Il y a (　　) hôtel. C'est [　　] hôtel de Paris.
3. Voilà [　　] gare de TGV et voici [　　] station de métro.
4. [　　] chat est (　　) animal.

3. [　] には定冠詞を，(　　) に前置詞 sur, sous, dans から適切なものを記入しましょう．

1. [　　] chat est (　　) l'ordinateur.
2. [　　] chien est (　　) la voiture.
3. [　　] garçon est (　　) la table.

1.    2.    3.

Leçon 3 持っている?

Dialogue

Julien : Est-ce que tu as des amis à Paris ?
Lucie : Non, pas encore. Mais j'ai un frère à Paris.
　　　　　Il est marié.
　　　　　Il a des enfants, un fils et une fille.
Julien : Moi, j'ai une sœur. Elle est collégienne.
Lucie : Oh là ! J'ai un cours maintenant. Salut Julien, à demain.
Julien : Salut Lucie, à demain.

Phrases clé

否定文をつくろう

動詞を ne と pas ではさむ

Je suis professeur. → Je **ne** suis **pas** professeur.

質問と答え方

Tu as des frères ?	— **Oui**, j'ai un frère / deux frères.
Est-ce que tu as des sœurs ?	— **Oui**, j'ai une sœur.
	— **Non**, je n'ai pas de sœurs.
Avez-vous des enfants ?	— **Oui**, j'ai trois enfants.
	— **Non**, je n'ai pas d'enfant.
Vous **n'**êtes **pas** japonais ?	— **Si**, je suis japonais.
	— **Non**, je ne suis pas japonais.

役立つあいさつ

à + 時を表す表現　「また〜ね！」

　À demain !　また明日ね！　　À la semaine prochaine !　また来週！

Leçon 3

Petits dialogues et entraînement 3

Dialogue A 〔1-31〕

Tu as un vélo ?　　　　　　きみは自転車を持っているの？
　— Oui, j'ai un vélo.　　　　うん，自転車を持っているよ．
　— Non, je n'ai pas de vélo.　いや，ぼくは自転車を持っていないんだ．

Dialogue Aにならって1〜3の図を見ながら会話をしましょう．まず肯定で，次に否定で応答しましょう．

　Tu as (　　) (　　　　　) ?
　　— Oui, j'ai (　　) (　　　　　). /　— Non, je n'ai pas (　　) (　　　　　).

1.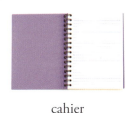
cahier

2.
parapluie

3.
montre

Dialogue B 〔1-32〕

Est-ce que vous avez une voiture ?　あなたは車をお持ちですか？
　— Oui, j'ai une voiture.　　　　　はい，私は車を持っています．
　— Non, je n'ai pas de voiture.　　いいえ，私は車を持っていません．

Dialogue Bにならって1〜3の図を見ながら会話をしましょう．まず肯定で，次に否定で応答しましょう．

　Est-ce que vous avez (　　) (　　　　　) ?
　　— Oui, j'ai (　　) (　　　　　). /　— Non, je n'ai pas (　　) (　　　　　).

1.
moto

2.
valise

3.
stylo

Grammaire 3

1. 動詞の活用

avoir （〜をもっている）	
j'ai	nous avons
tu as	vous avez
il a	ils ont
elle a	elles ont

avoir のように動詞が母音で始まる場合
je → j' となります （*cf.* p.7）
il, elle は il ͡ a, elle ͡ a となります （*cf.* p.7）
複数形 nous, vous, ils, elles は語末の s を母音と連結させて発音します （*cf.* p.7）

2. 疑問文

「彼は傘を持っている」から「彼は傘を持っていますか？」と聞きたい場合

    ① イントネーションによる   Il a un parapluie ?
    ② 文頭に Est-ce que (qu') をつける   **Est-ce qu'**il a un parapluie ?
    ③ 主語代名詞と動詞を倒置する   **A-t-il** un parapluie ?

         il, elle を倒置したときに，動詞の最後の文字が母音なら -t- を書き加えます．(*cf.* Appendice 11.)

3. 否定文

動詞を ne (n') と pas ではさむ．

     Je suis médecin. → Je **ne** suis **pas** médecin.   私は医者ではない．
     C'est un cahier. → Ce **n'**est **pas** un cahier.   これはノートではない．

【否定の de】

直接目的語（〜を）についた**不定冠詞**は否定文では de (d') になります．

     J'ai **un** cahier. → Je n'ai pas **de** cahier.   私はノートを持っていない．

il y a .... の否定文 il n'y a pas ... でも**不定冠詞**は de (d') になります．

     Il y a **un** cahier. → Il n'y a pas **de** cahier.   ノートがない．

4. 応答文

肯定疑問への応答：Vous êtes professeur ?   あなたは教師ですか？
     肯定で答える：**Oui**, je suis professeur.   はい，私は教師です．
     否定で答える：**Non**, je **ne** suis **pas** professeur.   いいえ，私は教師ではありません．

否定疑問への応答：Elle n'est pas étudiante ?   彼女は学生ではないのですか？
     肯定で答える：**Si**, elle est étudiante.   いいえ，彼女は学生です．
     否定で答える：**Non**, elle **n'**est **pas** étudiante.   はい，彼女は学生ではありません．

Leçon 3

Exercices 3

1. （　）にavoirの活用形を記入しましょう．
    1. Pierre et Marie (　　　　) un appartement.
    2. Vous (　　　　) une voiture ?
    3. Nous (　　　　) des chats.
    4. Elle (　　　　) des enfants

2. 次の文を，①Est-ce queを用いた疑問文と②倒置疑問文に書きかえましょう．
    1. Vous avez des chiens.　→　① [　　　　　　　　　　]
                                  ② [　　　　　　　　　　]
    2. Elles ont une maison.　→　① [　　　　　　　　　　]
                                  ② [　　　　　　　　　　]
    3. Ils sont français.　→　① [　　　　　　　　　　]
                              ② [　　　　　　　　　　]

3. 次の疑問文に肯定と否定で答えましょう．
    1. Elle est étudiante ?
        肯定：— [　　　　　　　　　　]
        否定：— [　　　　　　　　　　]
    2. Il y a des voitures dans la rue ?
        肯定：— [　　　　　　　　　　]
        否定：— [　　　　　　　　　　]
    3. Tu n'as pas de frère ?
        肯定：— [　　　　　　　　　　]
        否定：— [　　　　　　　　　　]

【数字 0〜20】

0 zéro
1 un / une　2 deux　3 trois　4 quatre　5 cinq
6 six　7 sept　8 huit　9 neuf　10 dix
11 onze　12 douze　13 treize　14 quatorze　15 quinze
16 seize　17 dix-sept　18 dix-huit　19 dix-neuf　20 vingt

＊読みに注意：un_euro, deux_euros…

Leçon 4 どんな言葉？

Dialogue

Julien : Tu parles quelles langues ?

Lucie : Moi, je parle français et italien. Et toi ?

Julien : Moi, je ne parle pas italien. Mais je parle espagnol. J'ai un ami espagnol. Il habite à Paris. Avec lui, on parle espagnol.

Lucie : Moi, je parle italien avec la femme de mon frère. Elle est italienne. Elle et moi, nous aimons beaucoup l'opéra italien.

*on 私たちは (*cf.* p.34)

Phrases clé

使ってみよう

Elle est française. Elle parle français. Elle aime le français.
彼女はフランス人だ．彼女はフランス語を話す．彼女はフランス語が好きだ．

Ils sont étudiants. Ils cherchent un appartement.
彼らは学生だ．彼らはアパルトマンを探している．

詳しく述べる

名詞 + 形容詞

l'opéra italien　　イタリアのオペラ　　un ami espagnol　　スペイン人の友達
un pantalon bleu　青いズボン　　　　une pomme verte　青りんご

聞いてみよう

Comment est / sont + 名詞　「〜はどんなですか？」

Comment est ton sac ?　きみのバッグはどんななの？
— Il est grand et bleu.　大きくて青いよ．

Leçon 4

Petits dialogues et entraînement 4

Dialogue A

— Tu aimes quels fruits ?　　きみはどんな果物が好きなの？
— J'aime les oranges. Et toi ?　私はオレンジが好きだよ．で，きみは？
— Moi, j'aime les fraises.　　私はイチゴが好きだな．

Dialogue Aにならって1〜2の図の組み合わせで会話をしましょう．

— Tu aimes quels fruits ?
— J'aime les (　　　　　). Et toi ?
— Moi, j'aime les (　　　　　).

1.
2.

fraise　　　orange　　　　　pomme　　　pêche

Dialogue B

— Tu cherches quelle veste ?　　きみはどのジャケットを探しているの？
— Je cherche ma veste noire.　　私の黒いジャケットを探しているんだ．

Dialogue Bにならって1〜3の図を見ながら会話をしましょう．

— Tu cherches quel(le)(s) (　　　　　) ?
— Je cherche (　　) (　　　　) (　　　　　).

1.
2.
3.

bleu / pantalon　　rouge / jupe　　noir / chaussure

Dialogue C

— Vous déjeunez dans ce restaurant ?　　あなたはこのレストランで昼食を取りますか？
— Non, je déjeune dans cette cafétéria.　いいえ，私はそのカフェテリアで昼食をとります．

Dialogue Cにならって1〜3の図を見ながら会話をしましょう．

— Vous déjeunez dans ce restaurant ?
— Non, je déjeune dans (　　　　　) (　　　　　).

1.
2.
3.

crêperie　　　　　pizzeria　　　　　café

Grammaire 4

1. 動詞の活用：第1群規則動詞（-er動詞）

chercher (探す)	
je cherche	nous cherchons
tu cherches	vous cherchez
il cherche	ils cherchent
elle cherche	elles cherchent

aimer (〜が好きだ，愛する)	
j'aime	nous aimons
tu aimes	vous aimez
il aime	ils aiment
elle aime	elles aiment

2. 形容詞

【位置】
基本的に名詞の後に置きます．ただし，名詞の前に置く形容詞もあります．

【性・数】
形容詞は修飾する名詞の性・数に一致します．
(*cf.* 国籍を表す形容詞 p.10)

grand 大きい	petit 小さい
bon 良い	mauvais 悪い
jeune 若い	vieux 年取った
beau 美しい	joli かわいい　など

【例外】
*sérieux / sérieuse（まじめな）etc.　その他の特殊な変化についてはAppendice 2を見てみましょう．

*eで終わる形容詞は女性形も同じ形．confortable (快適な), rouge (赤い)

3. 指示形容詞

	単数	複数
男性	ce	ces
女性	cette	

ce chat この猫　　　　ces étudiants これらの学生
cette montre この時計
男性単数形ceは，母音あるいは無音のhの前ではcetになります．
cet été この夏　　　　cet hôpital この病院

4. 疑問形容詞

	単数	複数
男性	quel	quels
女性	quelle	quelles

quel chien どの犬　　　　quels livres どの本
quelle jupe どのスカート　quelles chaussures どの靴

5. 所有形容詞

主語代名詞	男性単数	女性単数	複数
je	mon	ma	mes
tu	ton	ta	tes
il, elle	son	sa	ses
nous	notre		nos
vous	votre		vos
ils, elles	leur		leurs

mon père 私の父　　　　ta mère きみのお母さん
ses parents 彼（彼女）の両親　notre chien 私たちの犬

女性単数形 ma, ta, sa は母音あるいは無音のhで始まる
名詞の前では mon, ton, son になります

~~ma adresse~~ → mon adresse
~~ma histoire~~ → mon histoire

Leçon 4

Exercices 4

1. （　）に文末の動詞の適切な活用形を記入しましょう．

1. Je (　　　　) japonais et français.　　　　(parler 話す)
2. Elles (　　　　) au restaurant universitaire.　　(déjeuner 昼食をとる)
3. Nous (　　　　) un appartement.　　　　(chercher 探す)
4. Vous (　　　　) les pommes vertes ?　　　　(aimer 好き)

2. [　] に不定冠詞を，（　）に名詞と適切な形にした形容詞を，正しい語順で記入しましょう．

1. C'est [　　] (　　) (　　).　　　　(chien, grand)
2. Ce sont [　　] (　　) (　　).　　　(voitures, allemand)
3. Nous avons [　　] (　　) (　　).　　(appartement, confortable)
4. Elle a [　　] (　　) (　　).　　　　(jupe, bleu)

3. （　）に，文末の指示に合った所有形容詞，疑問形容詞あるいは指示形容詞を記入しましょう．

1. C'est (　　　) université ?　　　　[あなたの]
   — Oui, c'est (　　　) université.　　[私の]
2. Ce sont (　　　) chaussures ?　　　[あなたの]
   — Non, ce sont (　　　) chaussures.　[彼女の]
3. Comment est (　　　) montre ?　　　[きみの]
   — Elle est petite et jolie.
4. (　　　) hôtel est grand.　　　　[この]
5. (　　　) chien est jeune ?　　　　[どの]
6. (　　　) pomme est verte ?　　　　[どの]

Leçon 5 買いもの

Dialogue

1-50

Le marchand	: Bonjour !
Julien	: Bonjour.
Le marchand	: Que voulez-vous ?
Julien	: Je voudrais un kilo de pommes... et deux kilos d'oranges... s'il vous plaît.
Le marchand	: D'accord ! Alors, un kilo de pommes... Pardon ! Et deux kilos d'oranges. À jus ou de table ?
Julien	: À jus, s'il vous plaît !
Le marchand	: C'est tout ?
Julien	: Oui, merci. Ça fait combien ?
Le marchand	: 9,27 euros, s'il vous plaît. (neuf euros vingt-sept)

*Que... ? 何を？ (cf. p.38 疑問代名詞), *À jus ou de table ? ジュース用？ それとも食卓用？

Phrases clé

欲しい・したい

1-51

Je voudrais + 物　「～がほしいのですが」

　Je voudrais une bouteille de vin rouge.　赤ワインを一本欲しいのですが．

vouloir + 動詞の原形　「～したい」

　Je veux acheter une voiture.　私は車を買いたいです．

これ? それ?

1-52

ceci「これ」　**cela**「それ」　(遠近を区別して目の前のものを指します)

　J'achète **ceci**. 私はこれを買います．　Je n'aime pas **cela**. 私はそれは好きではありません．

どのくらい？

1-53

combien de + 名詞　「いくつの～？」「どのくらいの～？」

　Vous voulez **combien de** pommes ?　あなたはいくつのりんごが欲しいですか？
　Tu veux **combien de** beurre ?　君はどれだけのバターが欲しいの？

beaucoup de + 名詞　「たくさんの～」

　beaucoup de voitures たくさんの車　　**beaucoup de** bière たくさんのビール

便利な表現

1-54

S'il vous plaît. / S'il te plaît.	「どうぞ．」「～をお願いします．」
C'est combien ?	「これはおいくらですか？」
Ça fait combien ?	「(合計で)いくらになりますか？」

Leçon 5

Petits dialogues et entraînement 5

Dialogue A 1-55

— Vous mangez de la viande ? あなたは肉を食べますか？ *manger 食べる

— Oui, j'en mange. / Non, je n'en mange pas.
　はい，それを食べます．/ いいえ，それを食べません．

Dialogue A にならって 1～3 の図を見ながら会話をしましょう．

— Tu manges [　　　　　] ?

— Oui, j'en mange. / Non, je n'en mange pas.

1.
pain

2.
riz

3.
glace

Dialogue B 1-56

① — Tu achètes du lait ? きみはミルクを買うの？　　*acheter 買う

— Oui, j'achète un litre de lait. ⇒ Oui, j'en achète un litre.
　そうだよ，ぼくは1リットルのミルクを買うんだ．

② — Tu achètes de la bière ? ビールを買うの？

— Oui, j'achète une bouteille de bière. ⇒ Oui, j'en achète une bouteille.
　そうだよ，ぼくはビールを一瓶買うんだ．

Dialogue B にならって下記の単語を組み合わせて会話をしましょう．
最初は代名詞を使わずに，二度目には代名詞 en を使って応答しましょう．

— Tu achètes [　　　　　　] ?

— Oui, j'achète [　　　　　]. ⇒ Oui, j'en achète [　　　　　].

　1. des oranges / un kilo d'oranges
　2. du jus de pomme / deux litres de jus de pomme
　3. du vin blanc / une bouteille de vin blanc

Dialogue C 1-57

— C'est combien ?　　　いくらですか？

— C'est neuf euros soixante-dix.　9.7ユーロ (9,70 €) です．

Dialogue C にならって価格を答えましょう．

— C'est combien ?

— C'est (　　　　) euros (　　　　).

　1. 13,40 €　　2. 59,80 €　　3. 120,30 €

> **ヒント**
> 21 より大きい数字は
> p.27 を参考に

Grammaire 5

1. 動詞の活用

vouloir（〜したい，〜をほしい）	
je veux	nous voulons
tu veux	vous voulez
il veut	ils veulent
elle veut	elles veulent

acheter（〜を買う）	
j'achète	nous achetons
tu achètes	vous achetez
il achète	ils achètent
elle achète	elles achètent

-er動詞（*cf.* p.22）の例外として不規則な変化をします．

2. 部分冠詞

数えられない名詞につけます．「ある量の〜」「いくらかの」

男性	du
女性	de la

du も de la も母音あるいは無音のhの前では de l' になります

~~du argent~~ → de l'argent　　~~de la eau~~ → de l'eau

直接目的語についた部分冠詞も否定文では de (d') になります．

　　Je ne mange pas **de** pain.　私はパンを食べない．（*cf.* p.18）

3. 量の表現

un kilo, deux kilos	1キロの，2キロの…		
un litre, deux litres	1リットルの，2リットルの…		
une bouteille, deux bouteilles	1瓶の，2瓶の…	de +	名詞（冠詞なし）
un verre, deux verres	グラス1杯の，2杯の…		
beaucoup	たくさんの		

4. 中性代名詞 en

不定冠詞・部分冠詞・数量表現＋名詞を「それを」と言いかえ，動詞の前に置きます．

　　Vous mangez du riz ?　　— Oui, je mange du riz. ⇒ Oui, j'**en** mange.
　　あなたは米を食べますか？　　はい，米を食べます．　⇒　はい，（それを）食べます．

　　Vous avez des pommes ?　　— Non, je n'ai pas de pommes. ⇒ Non, je n'**en** ai pas.
　　あなたはリンゴがありますか？　いいえ，私はリンゴがありません．⇒ いいえ，ありません．

量の表現＋名詞の言い換えは，**de＋名詞**のみがenになり，**量の表現**は残ります．

　　Tu achètes du vin ?　君はワインを買うの？
　　— Oui, j'achète deux bouteilles de vin. ⇒ Oui, j'**en** achète **deux bouteilles**.
　　　　はい，私はワインを2瓶買います．　⇒　はい，2瓶買います．

5. 指示代名詞 ceci, cela (ça)

事柄や物を指します．話し言葉ではcelaではなくçaを多く用います．

　　Je n'aime pas **cela**. / Je n'aime pas **ça**.　それは好きではありません．
　　Ça va bien ?　　　　　　　　　　　　　元気かい？

Leçon 5

 Exercices 5

1. (　) に vouloir の適切な活用形を記入しましょう．

1. Tu (　　　　) des chiens ?
2. Ils (　　　　) acheter trois kilos de pommes.
3. Elle (　　　　) manger des fruits et des légumes.
4. Vous (　　　　) du café ou du thé ?

2. (　) に適切な部分冠詞を記入しましょう．

1. Il y a (　　　) farine dans ce gâteau.
2. Elle cherche (　　　) vin blanc.
3. Tu écoutes (　　　) musique ?
4. Vous avez (　　　) argent.

3. 次の質問に対し，指示に従いながら中性代名詞 en を使って答えましょう．

1. Vous avez des sœurs ?
   - 3人いる　　：— [　　　　　　　　　　　　　　]
   - いない　　　：— [　　　　　　　　　　　　　　]
2. Tu achètes du vin ?
   - 1瓶買う　　：— [　　　　　　　　　　　　　　]
   - 買わない　　：— [　　　　　　　　　　　　　　]
3. Il a beaucoup de livres ?
   - たくさん　　：— [　　　　　　　　　　　　　　]
   - 持っていない：— [　　　　　　　　　　　　　　]

【数字 21〜2010】

21 vingt et un	22 vingt-deux	23 vingt-trois	24 vingt-quatre
25 vingt-cinq	26 vingt-six	27 vingt-sept	28 vingt-huit
29 vingt-neuf	30 trente	31 trente et un	32 trente-deux
40 quarante	50 cinquante	60 soixante	61 soixante et un
70 soixante-dix	71 soixante et onze		72 soixante-douze
79 soixante-dix-neuf	80 quatre-vingts		81 quatre-vingt-un
82 quatre-vingt-deux	90 quatre-vingt-dix		91 quatre-vingt-onze
99 quatre-vingt-dix-neuf			
100 cent　200 deux cents　1000 mille　2000 deux mille　2010 deux mille dix			

読みに注意：cinq kilos, six kilos, huit kilos, dix kilos

Leçon 6 どこに?

Dialogue

Julien : Tu vas où cet été ?
Lucie : Je retourne à Rennes.
Julien : Ah oui, tu viens de Rennes. Tu vas chez tes parents ?
Lucie : Oui, je vais chez eux. Et ensuite, je vais dans leur maison de campagne avec eux. Et toi ?
Julien : Moi, je vais à Nice. Il y a chaque été un festival de jazz dans cette ville.

Phrases clé

移動しよう

aller + à + 場所　「〜へ行く」　　　**venir + de + 場所**　「〜から来る」「〜出身です」

Je **vais à** la bibliothèque.　　私は図書館へ行く.
Elle **vient de** Lyon.　　彼女はリヨンから来た.（彼女はリヨン出身です）

	【〜へ行く】	【〜から来る】
男性名詞の国：	Il va **au** Japon.	Elle vient **du** Canada.
女性名詞の国：	Nous allons **en** France.	Ils viennent **de** Chine.
複数名詞の国：	Je vais **aux** États-Unis.	Il vient **des** États-Unis.

疑問副詞を使って質問してみよう

où「どこ」 : **Où** habitez-vous ? — J'habite à Tokyo.
　　　　　　　どこに住んでいますか？　私は東京に住んでいます.

quand「いつ」 : **Quand** venez-vous au Japon ? — Je viens en mars.
　　　　　　　あなたはいつ日本に来ますか？　私は3月に来ます.

pourquoi「なぜ」 : **Pourquoi** étudiez-vous le français ? — **Parce que** j'aime le français.
　　　　　　　なぜフランス語を勉強しているのですか？　フランス語が好きだからです.

comment「どのように」: **Comment** venez-vous à l'université ? — Je viens en train.
　　　　　　　大学へはどうやって来ますか？　私は電車で来ます.

覚えよう

le combien「何日」 : **Le combien** sommes-nous ?　何日ですか？
　　　　　　　— Nous sommes le 18 juin.　6月18日です.
　　　　　　　— Nous sommes le premier juillet.　7月1日です.　*le premier（1日）

quel + 名詞「どんな〜」: **Quel** jour sommes-nous ? — Nous sommes lundi.
　　　　　　　何曜日ですか？　　　　　　月曜日です.

Leçon 6

Petits dialogues et entraînement 6

Dialogue A

— Où est-ce que tu vas ? 　　　きみはどこに行くの？
— Je vais au bureau. 　　　オフィスに行きます．

Dialogue Aにならって1〜4の単語を使って会話をしましょう．
[　] には複数の単語が入ります．

— Où est-ce que tu vas ?
— Je vais [　　　　　　].

1. concert　2. gare　3. hôpital　4. université

Dialogue B

— Quand est-ce que vous venez à Paris ? 　　あなたはいつパリに来ますか？
— Je viens cet hiver. J'arrive le premier janvier, le jour de l'an.
　　この冬に来ます．1月1日, 元日に到着します．

Dialogue Bにならって1〜4を使って会話をしましょう．
[①] には季節, [②] には日付, [③] には祭日の名称が入ります．

— Quand est-ce que vous venez à Paris ?
— Je viens ce(cet) [　①　]. J'arrive [　②　], le jour de [　③　].

1. (5月1日) la fête du travail　メーデー
2. (7月14日) la fête nationale française　フランス革命記念日（パリ祭）
3. (11月1日) la Toussaint　諸聖人の祝日
4. (12月25日) Noël　クリスマス

Dialogue C

— Est-ce que tu es libre dimanche ? 　　きみは日曜日はお暇？
— Oui, mais pourquoi ? 　　ええ，だけど，どうして？
— Parce que je voudrais aller au musée avec toi.
　　きみと一緒に美術館に行きたいからさ．

Dialogue Cにならって1〜3の単語の組み合わせを使って会話を
しましょう．（　）には曜日, [　] には複数の単語が入ります．

— Est-ce que tu es libre (　　　　) ?
— Oui, mais pourquoi ?
— Parce que je voudrais aller [　　　　　　　] avec toi.

1. samedi / piscine　2. lundi / théâtre　3. mercredi / Stade de France

Grammaire 6

1. 動詞の活用

aller (行く)	
je vais	nous allons
tu vas	vous allez
il va	ils vont
elle va	elles vont

venir (来る)	
je viens	nous venons
tu viens	vous venez
il vient	ils viennent
elle vient	elles viennent

2. 前置詞 (à, de) ＋定冠詞 (le, les) の縮約

前置詞 à, de の後に定冠詞 le, les が続くと形が変わります．

je vais	à + le	**au**	**au** bureau, **au** Japon, **au** Portugal
	à + la	変化なし	**à la** bibliothèque
	à + les	**aux**	**aux** toilettes, **aux** États-Unis
je viens	de + le	**du**	**du** bureau, **du** Japon, **du** Canada
	de + la	変化なし	**de la** bibliothèque
	de + les	**des**	**des** États-Unis

＊後続する単語が母音または無音のhで始まる時のà l' や de l' は変化しません．
　à l'hôtel / de l'hôtel ホテルへ／から　　à l'école / de l'école 学校へ／から　など

【女性名詞の国】

「女性名詞の国へ」では前置詞はàではなくenになり，定冠詞はつきません．

　　　en France フランスへ　　　　en Italie イタリアへ　　　　en Allemagne ドイツへ

「女性名詞の国から」では，前置詞はdeですが，定冠詞はつきません．

　　　de France フランスから　　　d'Italie イタリアから　　　d'Allemagne ドイツから

3. 強勢形人称代名詞

主語	強勢形	主語	強勢形
je	moi	nous	nous
tu	toi	vous	vous
il	lui	ils	eux
elle	elle	elles	elles

【用法】
1. c'est または et + 強勢形：Et **toi** ?
2. 前置詞 + 強勢形：avec **elle**, chez **moi**
3. 主語の強調：
　Lui, il est français, et **moi**, je suis japonais.
　彼はフランス人で，私は日本人です．

4. 疑問副詞のまとめ

où どこ　　　　　　**quand** いつ　　　　　　**pourquoi** なぜ
combien いくつ，いくら (cf. p.24)　　**le combien** 何日
comment どのように，どのような (cf. p.20)

Leçon 6

Exercices 6

1. ( ) に aller または venir の適切な活用形を記入しましょう．

1. Elle (　　　　) en France.
2. Vous (　　　　) d'où ? — Je (　　　　) de France.   *d'où どこから
3. Ils (　　　　) d'Angleterre.
4. Tu (　　　　) au Japon ? — Oui, je (　　　　) au Japon cet été.

2. 文末の指示に合った強勢形人称代名詞を（　）に記入しましょう．

1. C'est un cadeau pour (　　　). ［彼］
2. Cette maison est à (　　　) ? ［あなた］   *être à + 人 ～のものだ
3. Tu viens chez (　　　) ce soir ? ［彼女］
4. Je suis étudiant, et (　　　) ? ［君］

3. ( ) に適切な疑問副詞を記入しましょう．

1. (　　　) sont les toilettes ? — Elles sont à gauche. *(cf. p.51)*
2. (　　　) est-ce que vous allez à Paris ? — Je vais à Paris cet été.
3. (　　　) vas-tu ? — Je vais très bien, merci !
4. (　　　) habitez-vous ? — J'habite près de la fac.
5. Je voudrais une bouteille de vin et un kilo d'oranges. Ça fait (　　　) ?

【曜日】 1-75

月	火	水	木	金	土	日
lundi	mardi	mercredi	jeudi	vendredi	samedi	dimanche

【月】 1-76

1月	2月	3月	4月	5月	6月
janvier	février	mars	avril	mai	juin
7月	8月	9月	10月	11月	12月
juillet	août	septembre	octobre	novembre	décembre

【四季】 1-77

春	夏	秋	冬
printemps	été	automne	hiver
春に	夏に	秋に	冬に
au printemps	en été	en automne	en hiver

Leçon 7 何時に？

Dialogue

Julien : Demain après-midi, je vais au musée d'Orsay voir une exposition de Gustave Doré. Tu viens avec moi ?

Lucie : Eh bien. (Elle consulte son portable.) Oui, je suis libre demain après-midi. Je viens avec plaisir. J'aime beaucoup ses illustrations.

Julien : Alors, tu peux venir à l'entrée du musée d'Orsay à deux heures ?

Lucie : D'accord.

Phrases clé

非人称構文を使ってみよう

「時間」動詞は être : Il est quelle heure ? / Quelle heure est-il ?　何時ですか？
— **Il est** trois heures de l'après-midi.　午後3時です．
— **Il est** trois heures dix.　3時10分です．
— **Il est** trois heures **moins** cinq.　3時5分前です．

「天気」動詞は faire : Il fait quel temps ? / Quel temps fait-il ?　どんなお天気ですか？
— **Il fait** beau.　いいお天気です．　　　**Il fait** mauvais.　天気が悪いです．
　Il fait chaud.　暑いです．　　　　　**Il fait** froid.　寒いです．
　Il pleut.　雨が降っています．　　　　**Il** neige.　雪が降っています．

「しなければならない」: Il faut + 動詞の原形　～しなければならない
　Il faut finir les devoirs.　宿題を終えなければならない．
　Il ne **faut** pas fumer dans cette salle.　この部屋でタバコを吸ってはいけません．

質問してみよう

「できる？」: pouvoir + 動詞の原形　～することができる
　Elle **peut venir** demain ?　彼女は明日来られる？
　Tu **peux voir** la tour Eiffel de ta chambre ?　きみの部屋からエッフェル塔を見ることができる？

「誰？何？」
　Il y a **quelqu'un** dans la maison ?　家に誰かいますか？
　Il y a **quelque chose** sur la table ?　テーブルの上に何かありますか？

Leçon 7

Petits dialogues et entraînement 7

Dialogue A

— À quelle heure est-ce que tu déjeunes ? きみは何時に昼食を取るの？
— Je déjeune à une heure. 1時だよ．

Dialogue Aにならって1〜3の時計の時刻を見ながら会話をしましょう．

1. — À quelle heure est-ce que tu dînes ?
   — Je dîne à (　　　) heures et (　　　).
2. — À quelle heure est-ce que vous arrivez au bureau ?
   — J'arrive à (　　　) heures et (　　　).
3. — À quelle heure est-ce que vous rentrez chez vous ?
   — Je rentre chez moi à (　　　) heures (　　　) le quart.

1. 　2. 　3.

Dialogue B

— Tu peux fermer la porte, s'il te plaît ? ドアを閉めてくれる？
— D'accord. いいよ．

Dialogue Bにならって1〜3の図を見ながら会話をしましょう．

1. Vous pouvez (　　　) la télé, s'il vous plaît ?　— D'accord.
2. Vous pouvez (　　　), s'il vous plaît ?　— D'accord.
3. Vous pouvez (　　　) ici, s'il vous plaît ?　— D'accord.

1. 　2. 　3.

　　allumer　　　　répéter　　　　attendre

Dialogue C

— Est-ce que tu cherches quelque chose ? きみは何か探しているの？
— Oui, je cherche ma gomme. うん，消しゴムを探しているんだよ．
— Non, je ne cherche rien. いや，何も探していないよ．

Dialogue Cにならって（　）に適語を記入し会話をしましょう．

1. Est-ce que vous voulez (　　) (　　) ?　— Oui / Non,
2. Est-ce que tu vois (　　) (　　) ?　— Oui / Non,
3. Est-ce que tu manges (　　) (　　) ?　— Oui / Non,

Grammaire 7

1. 動詞の活用

pouvoir（〜できる）	
je peux	nous pouvons
tu peux	vous pouvez
il peut	ils peuvent
elle peut	elles peuvent

voir（〜を見る，見える，〜に会う）	
je vois	nous voyons
tu vois	vous voyez
il voit	ils voient
elle voit	elles voient

finir（終わる，終える）	
je finis	nous finissons
tu finis	vous finissez
il finit	ils finissent
elle finit	elles finissent

faire（〜をする，作る）	
je fais	nous faisons
tu fais	vous faites
il fait	ils font
elle fait	elles font

（同型活用 choisir 選ぶ）

2. 不定代名詞と不定形容詞

【肯定的意味】

on　「人，人々，誰か」

　　On mange du riz au Japon.　日本では，人々は米を食べる．
　　On y va !　　　　　　　　さあ，行こう！（この場合のonはnousと同じ意味）

quelque chose　「何か」

　　Tu vois **quelque chose** ?　君は何か見える？

quelqu'un　「誰か」

　　Il y a **quelqu'un** ?　誰かいますか？

chaque　「それぞれの，どの〜も」

　　Il y a **chaque** été un festival de jazz dans cette ville.　(*cf.* p.28)
　　この町では毎夏ジャズフェスティヴァルがある．

【否定的意味】

rien　「何も〜ない」(*cf.* Appendice 3.)

　　Mon chat **ne** mange **rien** depuis ce matin.　私の猫は今朝から何も食べていない．

personne　「誰も〜ない」

　　Il **n'**y a **personne** dans ce magasin.　この店には誰もいない．

aucun / aucune　「どんな〜もない」

　　Il **n'**y a **aucun** nuage dans le ciel.　空にはどんな雲もない．
　　Il **n'**y a **aucune** voiture dans la rue.　道にはどんな車もない．

Leçon 7

Exercices 7

1. ( ) に文末の動詞の適切な活用形を記入しましょう．

1. Je ( ) rester deux semaines en France. (pouvoir)
2. Nous ( ) nos devoirs à sept heures. (finir)
3. Vous ( ) quels livres ? (choisir)
4. Nous ( ) des amis au match de football. (voir)

2. ( ) に適切な動詞の活用形を記入しましょう．

1. Il ( ) très beau cet après-midi !
2. Il ( ) sept heures du matin.
3. Il ( ) aller à la bibliothèque.
4. Il ( ) froid dans cette salle.

3. 適切な不定代名詞または不定形容詞を ( ) に記入しましょう．

1. ( ) mange du pain en France.
2. Il va en France ( ) été.
3. Tu veux ( ) à boire ?

【時間の言い方】発音に注意して読んでみましょう． 1-86

une heure	deux heures	trois heures	quatre heures	cinq heures
six heures	sept heures	huit heures	neuf heures	dix heures
onze heures	douze heures			

◇ 12時 → Il est midi. 正午です．Il est minuit. 夜中の12時です．
◇ du matin 朝の（午前） de l'après-midi 午後の du soir 夜の

【便利な時間表現 1】 1-87

— Il est trois heures **et quart**.
— Il est trois heures **et demie**.
— Il est trois heures **moins le quart**.

moins le quart 15分前
et quart 15分過ぎ
et demie 30分過ぎ

Leçon 8 するつもり?

Dialogue

Le serveur : Vous avez choisi ?
Lucie : Oui, je vais prendre le menu à vingt euros.
Le serveur : Oui, Mademoiselle, qu'est-ce que vous prenez comme entrée ?
Lucie : Je prends une soupe de poisson.
Le serveur : Et comme plat ?
Lucie : Une escalope de veau, s'il vous plaît.
Le serveur : Et Monsieur ?
Julien : Moi, je voudrais le menu à vingt-cinq euros. Je vais prendre une assiette de crudités comme entrée, et un bar rôti comme plat.
Le serveur : Et comme boisson ?
Julien : Une bouteille de vin rouge, s'il vous plaît.

* Vous avez choisi ? お選びになりましたか？

Phrases clé

何を？

Que prenez-vous comme entrée ?
Qu'est-ce que vous prenez comme entrée ?
アントレは何になさいますか？ (*cf.* p.39)

〜するところ

aller + 動詞の原形

Je vais manger au restaurant universitaire.　私は学食で食べるつもりです．

〜したばかり

venir de + 動詞の原形

Il vient de finir son travail.　彼は仕事を終えたところです．

簡単に答えてみよう！

Vous allez **à la gare** ?　　　　　　　　　あなたは駅に行きますか？
　— Oui, j'**y** vais.　　　　　　　　　　　はい，私はそこへ行きます．
Ton père travaille **dans cette entreprise** ?　きみのお父さんはこの企業で働いているの？
　— Oui, il **y** travaille.　　　　　　　　うん，そこで働いているよ．

Leçon 8

Petits dialogues et entraînement 8

Dialogue A

— Qu'est-ce que tu prends comme entrée ? アントレは何にする？
— Je prends une soupe de poisson. 魚のスープにするよ．
— Et comme plat ? メインは？
— Je prends un steak frites. ステーキのフライドポテト添えにする．

Dialogue Aにならって1〜3の図と単語を見ながら会話をしましょう．[　] には複数の単語が入ります．
P. 39 の「フランスの食事」を参照して下さい．

— Qu'est-ce que vous prenez comme entrée ?
— Je prends [　　　　].
— Et comme plat ?
— Je prends [　　　　].

1.　　　　　　　　2.　　　　　　　　3.

　oignon　　steak　　　crudités　　agneau　　jambon　　sole

Dialogue B

— Qu'est-ce que vous mangez ? 何を食べますか？
— Normalement, je mange de la viande. Mais aujourd'hui, je vais manger du poisson.
　ふだんは私は肉を食べます．しかし今日は魚を食べるつもりです．

Dialogue Bにならって（　）内の語句を，必要なら適切な活用形にして [　] に記入し，会話をしましょう．

1. — Qu'est-ce que vous buvez ?
   — Normalement, je [　　　　]. Mais aujourd'hui, je vais [　　　　].
   (boire du jus d'orange / boire de l'eau minérale)

2. — Qu'est-ce que vous faites ?
   — Normalement, je [　　　　]. Mais aujourd'hui, je vais [　　　　].
   (faire de la natation / faire du vélo)

3. — Quand est-ce que vous partez de chez vous ?
   — Normalement, je [　　　　]. Mais demain matin, je vais [　　　　].
   (partir de chez moi à sept heures / partir à six heures et demie)

Grammaire 8

1. 動詞の活用

prendre (とる)	
je prends	nous prenons
tu prends	vous prenez
il prend	ils prennent
elle prend	elles prennent

boire (飲む)	
je bois	nous buvons
tu bois	vous buvez
il boit	ils boivent
elle boit	elles boivent

Je prends un taxi. 私はタクシーに乗る.　　Je bois du café. 私はコーヒーを飲む.

partir (出発する)	
je pars	nous partons
tu pars	vous partez
il part	ils partent
elle part	elles partent

sortir (外出する)	
je sors	nous sortons
tu sors	vous sortez
il sort	ils sortent
elle sort	elles sortent

(同型活用 servir 給仕する, dormir 眠る など)

Nous partons pour Paris. 私たちはパリに向けて出発する.

2. 疑問代名詞「何を」

【Que + 倒置形？/ Qu'est-ce que ?】

　　Que cherchez-vous ?　　　　　　あなたは何を探しているのですか？
　　Qu'est-ce que tu cherches ?　　　きみは何を探しているの？
　　— Je cherche mon portable.　　　携帯電話を探しています.

3. 近接未来形と近接過去形

【近接未来形】　aller ＋ 動詞の原形　　「これから〜するところだ」「〜するつもりだ」

　　Je **vais partir** pour la France. 私はフランスに向けて出発するつもりです.

【近接過去形】　venir de ＋ 動詞の原形　　「〜したばかりだ」

　　Elle **vient de manger** son petit déjeuner. 彼女は朝ごはんを食べたところです.

4. 中性代名詞 y

「à, dans, en ＋ 場所」を「そこへ, そこに」と言いかえます.

　　Tu vas **à la fac** ce matin ?　　　　— Oui, j'**y** vais.
　　きみは今朝, 大学に行く？　　　　　うん, (そこに) 行くよ.
　　Depuis quand habitent-ils **à Paris** ?　— Ils **y** habitent depuis deux ans.
　　彼らはいつからパリに住んでいますか？　彼らは２年前からそこに住んでいます.

Leçon 8

Exercices 8

1. 例にならって，次の文を近接未来の文に書きかえましょう．

例： Il boit du jus de fruits.　→ Il **va boire** du jus de fruits.

1. Vous posez des questions ?　→ [　　　　　　　　　　　　　]
2. Elle sert du vin aux invités.　→ [　　　　　　　　　　　　　]
3. Je fais un tour de France.　→ [　　　　　　　　　　　　　]

2. 例にならって，次の文を近接過去の文に書きかえましょう．

例： Je rentre à la maison.　→ Je **viens de** rentrer à la maison.

1. Nous arrivons à la gare.　→ [　　　　　　　　　　　　　]
2. Le bus passe devant nous.　→ [　　　　　　　　　　　　　] (*cf.* p.51)
3. Il sort de l'hôpital.　→ [　　　　　　　　　　　　　]

3. 中性代名詞 y を使って答えましょう．

1. Vous allez au cinéma ?　— Oui, j'[　　　　　　　　　　　　　].
2. Tu vas en Angleterre ?　— Oui, j'[　　　　　　　　　　　　　].
3. Ils travaillent dans ce bureau ?　— Oui, ils [　　　　　　　　　　　　　].
4. Elle entre dans cette boutique ?　— Oui, elle [　　　　　　　　　　　　　].

【フランスの食事】日本と異なり，一皿ずつ出され，出される順番が決まっています．

一皿目の軽い料理 ：スープやサラダの場合が多い

des entrées（アントレ）

　　une soupe de poisson　　魚のスープ
　　une soupe à l'oignon　　オニオンスープ
　　une assiette de crudités　生野菜の盛り合わせ
　　une assiette de jambon　ハムの盛り合わせ などなど

メイン料理 ：通常，魚もしくは肉料理からどちらかを選びます

des plats de viande（肉料理）

　　une escalope de veau　　子牛のエスカロップ（うす切り）
　　une côtelette d'agneau　子羊の背肉
　　un steak frites　　　　　ステーキのフライドポテト添え などなど

des plats de poisson（魚料理）

　　un bar rôti　　　　　ニシスズキのロースト
　　une sole meunière　シタビラメのムニエル などなど

メイン料理の後に，通常，チーズ，デザート，コーヒーが順番に出てきます．

Leçon 9 比べる

Dialogue

Lucie : Il y a combien de fleuves en France ?

Julien : Je ne sais pas précisément. Mais je sais qu'il y en a plus de cent vingt.

Lucie : Alors, tu sais énumérer les cinq plus grands fleuves selon la longueur ?

Julien : Oui, ce sont la Loire, la Seine, le Rhône, la Garonne et la Meuse.

Lucie : Très bien. Tu es fort en géographie.

Phrases clé

わかっていることを置きかえよう

Quelle est **la longueur** de la Loire ?　— **Celle** de la Loire est de 1 012 km.
　ロワール川の長さは？　　　　　　　1012キロメートルです．

La hauteur de l'Arc de Triomphe est de 50 mètres. 凱旋門の高さは50メートルです．

— **Celle** de la cathédrale Notre-Dame de Paris est de 69 mètres.
　パリのノートルダム大聖堂のそれ（高さ）は69メートルです．

比べてみよう

plus ... que~　「～よりも…だ」

La cathédrale Notre-Dame de Paris est **plus** grande **que** l'Arc de Triomphe.
　パリのノートルダム大聖堂は凱旋門よりも大きいです．

[le, la, les] plus ... de~　「～の中で最も…だ」

Le mont Blanc est **le plus** haut sommet **d'**Europe occidentale.
　　　　　　　　　　　　　　　　モン・ブランは西ヨーロッパで一番高い山頂です．

Elle mange **le plus** vite **de** la classe. 彼はクラスの中で最も食べるのが早い．

質問してみよう

「誰が？」(cf. p.46)

Qui va venir ? / **Qui est-ce qui** va venir ?　誰が来るの？

「年齢は？」

Tu as **quel âge** ?　— J'ai dix-neuf ans.　きみは何歳？　—19歳だよ．
Il a **quel âge** ?　— Il a trente ans.　彼は何歳ですか？—30歳です．

Leçon 9

Petits dialogues et entraînement 9

Dialogue A

— Éric a quel âge ? — Il a dix-neuf ans.　エリックは何歳ですか？ —彼は19歳です．
— Et Marie ?　　— Elle a vingt ans.　で，マリーは？　　　—彼女は20歳です．
— Alors, Éric est plus jeune que Marie. / Marie est moins jeune qu'Éric.
　それなら，エリックはマリーより若いですね． / それなら，マリーがエリックより年上ですね．

Dialogue Aにならって1〜3の図に従って会話をしましょう．〔　〕にはplusかmoinsが入ります．

— Il a quel âge ? — Il a (　　　) ans.
— Et elle, elle a quel âge ? — Elle a (　　　) ans.
— Alors, il est 〔　　　〕 jeune qu'elle.

1.
9 ans / 11 ans

2.
41 ans / 45 ans

3.
65 ans / 63 ans

Dialogue B

— La longueur de la Seine est de 776 kilomètres.　セーヌ川の長さは776キロです．
— Et celle du Rhône et celle de la Dordogne ?　で，ローヌ川とドルドーニュ川の長さは？
— La longueur du Rhône est de 545 kilomètres en France, et celle de la Dordogne, 483 km.
　ローヌ川はフランスでは545キロで，ドルドーニュ川は483kmです．
— Alors, c'est la Seine qui est la plus longue de ces trois fleuves.
　それなら，これら3つの川の中ではセーヌ川が最も長いです．
　　* ローヌ川はスイスからフランスへ流れる全長812kmの国際河川
　　* c'est 〜 qui ... (...なのは〜です)

Dialogue Bを参考に，下記のテスト結果（sur 20 points, 20点満点）に基づいて答えましょう．

科目	Marie	Éric	Jean
géographie (地理学)	15	19	11
physique (物理学)	17	13	15

1. Qui est le plus fort en géographie ?
　　— C'est (　　) qui est le plus fort en géographie.
2. Qui est le plus fort en physique ?
　　— C'est (　　) qui est la plus forte en physique.

Grammaire 9

1. 動詞の活用

savoir (知っている)	
je sais	nous savons
tu sais	vous savez
il sait	ils savent
elle sait	elles savent

mettre (置く，入れる，身につける)	
je mets	nous mettons
tu mets	vous mettez
il met	ils mettent
elle met	elles mettent

2. 比較級

plus				優等比較「〜よりも…だ」
aussi	+	形容詞・副詞	que 〜	同等比較「〜と同じくらい…だ」
moins				劣等比較「〜ほど…でない」

【形容詞の比較】

Elle est **plus** grande **que** toi.　彼女はきみより背が高い．
Elle est **aussi** grande **que** toi.　彼女はきみと同じくらい背が高い．
Elle est **moins** grande **que** toi.　彼女はきみほど背が高くない．

【副詞の比較】

Il parle **plus** [aussi, moins] vite que Lucie.

彼はリュシーより速く（リュシーと同じくらい速く / リュシーより遅く）話す．

◆特殊な比較級： ~~plus bon~~ → **meilleur**（より良い）　　~~plus bien~~ → **mieux**（より良く）
Ce sorbet est **meilleur** que cette glace.　このシャーベットはそのアイスクリームよりおいしい．
Lucie danse **mieux** que Julien.　リュシーはジュリアンよりダンスが上手だ．

3. 最上級

| le, la, les | plus | 形容詞 | de〜 | 優等最上級「〜の中で最も…だ」 |
| le | moins | 副詞 | | 劣等最上級「〜の中で最も…でない」 |

Elle est **la plus** âgée **de** la famille.　彼女は家族の中で最も年を取っている．
Ce restaurant est **le meilleur de** ce quartier.　このレストランはこの街で最もおいしい．
Qui danse **le mieux** ?　― C'est Lucie.　誰が最も上手にダンスをするの？―リュシーだよ．

4. 指示代名詞「〜のそれ（ら），〜の人（々）」

	単数	複数
男性	celui	ceux
女性	celle	celles

Mon sac et **celui** de ma femme.　私のバッグと妻のバッグ．
La sœur de Jean et **celle** de Paul.　ジャンの姉妹とポールの姉妹．
Voilà deux crêperies. **Celle**-ci est meilleure que **celle**-là.
そこに2軒のクレープ屋さんがあります．こちらが，あちらよりもおいしい．

Exercices 9

Leçon 9

1. savoir の適切な活用形を（　）に記入しましょう．

1. Vous (　　　　) pourquoi elle pleure ?
2. Il (　　　　) conduire.
3. Tu (　　　　) jouer de la guitare ?
4. Je ne (　　　　) pas où il habite.

2. mettre の適切な活用形を（　）に記入しましょう．

1. Tu (　　　　) du sucre dans ton café ?
2. Elle (　　　　) son manteau.
3. Vous (　　　　) les verres sur la table.
4. Nous (　　　　) la voiture au parking.

3. 指示代名詞 celui, celle, ceux, celles から適切なものを（　）に記入しましょう．

1. Voici mon frère et voilà (　　　　) de Jean.
2. Mes enfants et (　　　　) de Marie jouent ensemble.
3. J'achète mes chaussures et (　　　　) de ma sœur.
4. Voici deux boutiques. (　　　　)-ci est plus grande que (　　　　)-là.

4. 文末の指示に従って（　）に plus, aussi, moins から適切なものを記入しましょう．

1. L'huile est (　　　　) légère que l'eau. (より軽い)
2. Cette tarte est (　　　　) bonne que celle-là. (よりおいしくない)
3. Mon grand-père est (　　　　) âgé que ma grand-mère. (年上だ)
4. Le professeur parle (　　　　) vite que ma mère. (同じくらい速く)

Leçon 10 知ってる?

Dialogue

Julien : Qui est cette actrice ?

Lucie : C'est Valérie Lemercier. Tu ne la connais pas ?

Julien : Non, je ne la connais pas. Elle joue dans quels films ?

Lucie : Dans beaucoup de films comme *Les Visiteurs*, *Fauteuils d'orchestre*, *Le Petit Nicolas*.

Julien : *Le Petit Nicolas* ? Je connais ce film. Ah oui ! La mère de Nicolas, non ?

Lucie : Tout à fait. Valérie Lemercier joue le rôle de la mère de Nicolas.

*Valérie Lemercier 1964年生まれのフランスの女優
Les Visiteurs 『おかしなおかしな訪問者』1993年のフランス映画
Fauteuils d'orchestre 『モンテーニュ通りのカフェ』2006年のフランス映画
Le Petit Nicolas 『プチ・ニコラ』2009年のフランス映画
tout à fait そのとおりです

Phrases clé

誰を?

Qui + 倒置形...? / Qui est-ce que...? 「誰を?」

Qui attendez-vous ? — J'attends mon frère.
誰を待っているのですか? 兄(弟)を待っています.

私を? きみを? それを?

Tu **m'**attends à la gare ? — D'accord. Je **t'**attends à la gare.
私を駅で待っててくれる? いいよ.きみを駅で待っているよ.

Tu cherches ton portable ? — Oui, je **le** cherche depuis ce matin.
きみは携帯電話を探しているの? そうなんだよ,今朝からずっとそれを探してるんだ.

私に? きみに? 彼に?

Vous pouvez **me** donner votre adresse courrielle ? — Oui, bien sûr.
あなたのメールアドレスを私に教えてくれますか? はい,もちろんです.

Je vais **lui** téléphoner ce soir. 私は今晩,彼に(彼女に)電話するつもりよ.

Leçon 10

Petits dialogues et entraînement 10

Dialogue A 2-26

— Qui est-ce ? — C'est un médecin.　これは誰ですか．— 医者です．
— Il s'appelle comment ? — Il s'appelle Georges.　彼のお名前は？ — ジョルジュです．

Dialogue Aにならって1〜3の図に従って会話をしましょう．

1. — Qui est-ce ? — C'est ( ) ( ).
   — Il s'appelle comment ? — Il s'appelle ( ).
2. — Qui est-ce ? — C'est ( ) ( ).
   — Elle s'appelle comment ? — Elle s'appelle ( ).
3. — Qui est-ce ? — Ce sont ( ) ( ).
   — Ils s'appellent comment ? — Ils s'appellent ( ) et ( ).

1.
un chanteur, Maxime

2.
une photographe, Sophie

3.
des amis, Louis et Hugo

Dialogue B 2-27

— Tu connais cet écrivain ? — Oui, je le connais. / — Non, je ne le connais pas.
きみはこの作家を知っているの？　うん，知っているよ．/ いや，知らない．

Dialogue Bを参考に（　）に適切な補語人称代名詞 (le, la, les) を記入して会話をしましょう．

1. Tu connais ce cuisinier ? — Oui, je ( ) connais.
2. Tu connais cette chanteuse ? — Non, je ne ( ) connais pas.
3. Tu connais ces musiciens ? — Oui, je ( ) connais.

Dialogue C 2-28

— Tu parles à ce journaliste ? — Oui, je lui parle. / — Non, je ne lui parle pas.
君はそのジャーナリストに話しかけるの？　うん，話しかけるよ．/ いや，話しかけないよ．

Dialogue C を参考に（　）に適切な補語人称代名詞 (lui, leur) を記入して会話をしましょう．

1. Tu parles à ce cuisinier ? — Oui, je ( ) parle.
2. Tu parles à cette chanteuse ? — Non, je ne ( ) parle pas.
3. Tu parles à ces musiciens ? — Oui, je ( ) parle.

1.
2.
3.

Grammaire 10

1. 動詞の活用

connaître (知っている)	
je connais	nous connaissons
tu connais	vous connaissez
il connaît	ils connaissent
elle connaît	elles connaissent

Je connais cet acteur.
私はその俳優を知っている.

attendre (待つ)	
j'attends	nous attendons
tu attends	vous attendez
il attend	ils attendent
elle attend	elles attendent

(同型活用：descendre 降りる, répondre 返事をする)
J'attends le train.　私は列車を待っている.
Il descend de voiture.　彼は車から降りる.

2. 目的語人称代名詞

直接目的語か間接目的語かによって形が変わります．必ず**動詞の前**に置かれます．

主語	直接	間接
je	me (m')	me (m')
tu	te (t')	te (t')
il	le (l')	lui
elle	la (l')	

主語	直接	間接
nous	nous	nous
vous	vous	vous
ils	les	leur
elles		

*me, te, le, la は母音あるいは無音のhの前ではm', t', l' になります．

【直接目的語人称代名詞】「〜を」

Je connais **cet acteur**. 私はこの俳優を知っている．→ Je **le** connais. 私は彼を知っている．
Il écoute **la radio**. 彼はラジオを聞く．→ Il **l'**écoute. 彼はそれを聞く．

否定形：Je **ne le** connais **pas**.　私は彼を知らない．
　　　　Il **ne l'**écoute **pas**.　彼はそれを聞かない．

【間接目的語人称代名詞】「〜に」

Je téléphone **à cet acteur**. → Je **lui** téléphone.
私はその俳優に電話する．　　　私は彼に電話をする．

否定形：Je **ne lui** téléphone **pas**.　私は彼（彼女）に電話をしない．

3. 疑問代名詞「誰が」「誰を」

[誰が]：Qui...? / Qui est-ce qui...?
　　　　Qui va en France ?　誰がフランスへ行くの？
[誰を]：Qui + 倒置形...? / Qui est-ce que...?
　　　　Qui cherchez-vous ?　誰をお探しですか？
　　　　Qui est-ce que tu attends ?　きみは誰を待っているの？

Leçon 10

Exercices 10

1. （　）の中の動詞の適切な活用形を記入しましょう．

1. Nous (　　　　) ce musicien. (connaître)
2. Vous (　　　　) les résultats de vos examens ? (attendre)
3. Je (　　　　) de l'avion. (descendre)

2. （　）に直接目的語人称代名詞を記入して，応答文を作りましょう．

1. Vous voyez vos parents ?
   — Oui, je (　　　) vois demain.
2. Tu réveilles ton mari ?
   — Oui, je (　　　) réveille chaque matin.
3. Ils t'invitent à déjeuner ?
   — Oui, ils (　　　) invitent à déjeuner.
4. Elle visite la tour Eiffel ?
   — Oui, elle (　　　) visite.

3. （　）に間接目的語人称代名詞を記入して，応答文を作りましょう．

1. Vous écrivez à vos enfants ?   *écrivez, écris < ecrire (cf. Appendice 6.)
   — Oui, je (　　　) écris souvent.
2. Tu donnes un cadeau à ta femme ?
   — Oui, je (　　　) donne un parfum.
3. Elle vous dit bonjour ?   *dit < dire (cf. Appendice 6.)
   — Non, elle ne (　　　) dit pas bonjour.
4. Ils te demandent de chanter ?
   — Oui, ils (　　　) demandent de chanter.

4. 次の会話の疑問文を「Qui+倒置形」に書き換えましょう．

1. Qui est-ce qu'ils voient ?   → Qui [　　　　　] ?
   —Ils voient un journaliste.
2. Qui est-ce que vous emmenez à l'hôpital ? → Qui [　　　　　] à l'hôpital ?
   — J'emmène mon oncle à l'hôpital.

Leçon 11

起きる，寝る，散歩する

Dialogue

Lucie : Tu te lèves à quelle heure ?
Julien : Je me lève normalement à sept heures.
Mais demain, je me lève à cinq heures.
Lucie : Pourquoi est-ce que tu te lèves si tôt ?
Julien : Parce que je dois prendre le train de six heures pour aller à Strasbourg.
Je vais voir mon oncle à l'hôpital. Il est malade depuis une semaine.

*dois < devoir (*cf.* Appendice 6.)

Phrases clé

代名動詞を使ってみよう

代名動詞を使うと，元の動詞の行為が自分に返ってきます．
Elle lève la main. 彼女は手をあげる． ⇔ Je me lève à 7 heures. 私は（自分で）7時に起きる．
Il lave sa voiture. 彼は車を洗う． ⇔ Je me lave les mains. 私は自分の手を洗う．

お互いに

代名動詞の主語が複数の場合，行為がお互いに及ぶ場合があります．
Nous nous voyons demain.　　　　　　私たちはまた明日会います．
Lucie et Julien s'écrivent tous les jours.　リュシーとジュリアンは毎日手紙を書きあっています．

して！してください！

Regarde ! 見ろ！
Mange vite ! 早く食べなさい！
Parlez plus fort, s'il vous plaît ! もう少し，大きな声で話してください！

* s'il vous plaît や s'il te plaît を後につけると，より丁寧な命令になります．

しましょう！

Partons tout de suite !　　　すぐに出発しましょう！
Parlons et **lisons** le français ! フランス語を話したり，読んだりしましょう！

Leçon 11

Petits dialogues et entraînement 11

Dialogue A 2-37

— Où est-ce qu'on se retrouve ?　どこで落ち合おうか？
— On se retrouve devant la gare.　駅前にしよう．

Dialogue Aにならって1〜3の図に従って会話をしましょう．

Où est-ce qu'on se retrouve ?
1. — On se retrouve [　　　　　　　]．(裏で)
2. — On se retrouve [　　　　　　　]．(近くで)
3. — On se retrouve [　　　　　　　]．(右側で)

1. le cinéma

2. la bibliothèque

3. le musée

Dialogue B 2-38

— Qu'est-ce que tu fais ?　何をしているの？
— Je me lave les mains.　手を洗っているんだ．

Dialogue Bを参考に（　）に適切な単語を記入して会話をしましょう．

Qu'est-ce que tu fais ?
1. Je me lave le (　　　　)．
2. Je me lave les (　　　　)．
3. Je me lave les (　　　　)．

1. visage

2. cheveu

3. dent

Dialogue C 2-39

— Qu'est-ce qu'il fait ?　彼は何をしていますか？
— Il se lave les mains.　手を洗っています．

Dialogue Cを参考に（　）に適切な代名動詞の活用形を記入して会話をしましょう．

Qu'est-ce qu'il fait ?
1. Il (　　　) (　　　)． (se reposer)
2. Il (　　　) (　　　)． (se promener)
3. Il (　　　) (　　　) de ses enfants. (s'occuper)

1.

2.

3.

Grammaire 11

1. 代名動詞

目的語人称代名詞をともなう動詞．（3人称の目的語人称代名詞はseになります）

【代名動詞の活用】

se coucher（寝る，横になる）	
je me couche	nous nous couchons
tu te couches	vous vous couchez
il se couche	ils se couchent
elle se couche	elles se couchent

s'appeler（名前は〜だ）	
je m'appelle	nous nous appelons
tu t'appelles	vous vous appelez
il s'appelle	ils s'appellent
elle s'appelle	elles s'appellent

否定形 : Je **ne** me couche **pas** à 8 heures.
　　　私は8時には寝ません．

Il **ne** s'appelle **pas** Julien.
彼の名前はジュリアンではありません．

【用法と仕組み】

行為が自分に返ってくる「再帰的用法」，行為がお互いに及ぶ「相互的用法」などがあります．

cf. Appendice 7.

【元の動詞】 coucher 寝かせる	【代名動詞】 se coucher 寝る
Il couche les enfants.	Il se couche.
彼は子供たちを寝かせる．	（自分を寝かせる→）彼は寝る．

【元の動詞】 appeler 呼ぶ	【代名動詞】 s'appeler 名前は〜だ
Il appelle son chien Filou.	Il s'appelle Jean.
彼は自分の犬をフィルーと呼んでいる．	（自分をジャンと呼ぶ→）彼の名前はジャンです．

2. 命令形

相手がtu, nous, vousの場合に，命令することができます．

【作り方】 tu, nous, vous の現在形の活用形から主語を取り除きます．

répondre 答える	命令形
tu réponds	Réponds !
nous répondons	Répondons !
vous répondez	Répondez !

fermer 閉じる	命令形
tu fermes	Ferme !
nous fermons	Fermons !
vous fermez	Fermez !

〜しなさい
〜しましょう
〜してください

-er動詞のように，tu の活用語尾が -es なら s を省略します．

◇ 否定命令 : 否定文の主語を取り除きます．

Vous ne fermez pas la porte. → Ne fermez pas la porte.
　あなたはドアを閉めない．　　　　ドアを閉めないでください．

◇ 目的語人称代名詞は，肯定命令では動詞の後に置きますが，動詞の後に置くとき，me, teは，それぞれ強勢形moi, toiになります．（代名動詞の場合も同様です）

Vous **me** regardez. → Regardez-**moi**. 私を見てください．

Leçon 11

Exercices 11

1. （　）の中の代名動詞の適切な活用形を記入しましょう．

1. Nous (　　　) (　　　　　) avec des amis.　　(s'amuser)
2. Je (　　　) (　　　　　).　　　　　　　　　　(se reposer)
3. Ils (　　　) (　　　　　) dans le jardin.　　(se promener)
4. Vous (　　　) (　　　　　) tôt.　　　　　　　(se lever)
5. Elle (　　　) (　　　　　) à pleurer.　　　　(se mettre)

2. 次の文を命令形に書きかえましょう．

1. Tu parles plus fort.　　　　　→ [　　　　　　　　　　]
2. Vous répondez à ma question. → [　　　　　　　　　　]
3. Tu mets du sucre.　　　　　　→ [　　　　　　　　　　]
4. Vous vous amusez bien.　　　→ [　　　　　　　　　　]
5. Nous nous reposons.　　　　　→ [　　　　　　　　　　]

3. 次の文を否定命令形に書きかえましょう．

1. Tu ne bois pas trop.　　　　　　　　　　→ [　　　　　　　　　　]
2. Nous ne nous arrêtons pas devant la sortie. → [　　　　　　　　　　]
3. Vous ne vous cachez pas.　　　　　　　　→ [　　　　　　　　　　]

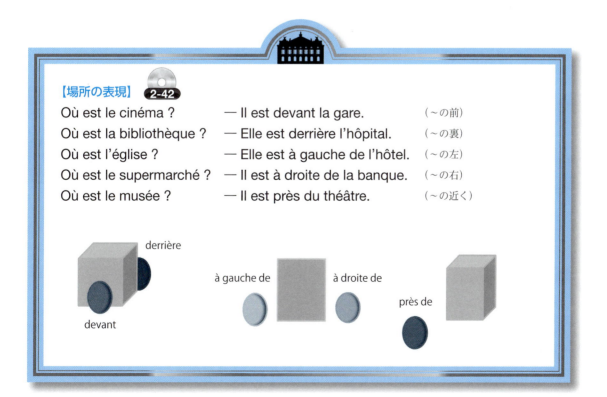

Leçon 12 過去のことを言う 1

Dialogue

Julien : Tu as vu le match de football hier soir ? Le match entre la France et l'Angleterre.

Lucie : Non, je ne l'ai pas vu.

Julien : Moi, je suis allé au stade. C'était superbe.

Lucie : La France a gagné ?

Julien : Non, elle a perdu 1 à 2. Mais c'était vraiment une partie serrée.

* C'était.... それは〜だった.

Phrases clé

過去のことを語ろう

avoir または **être** + 過去分詞 「〜した」

Vous **avez vu** votre père hier soir ?　あなたは昨日の夜, お父さんに会いましたか？
　— Non, je ne l'**ai** pas **vu**. Mais je l'**ai eu** au téléphone.
　　いいえ, 会いませんでしたが, 電話で話しました.

Tu **as vu** ta copine hier midi ?　きみは昨日の昼, 彼女に会った？
　— Oui, nous **avons déjeuné** ensemble !　うん, お昼ご飯を一緒に食べたよ.
　— Non, je l'**ai attendue** toute la journée.　いいえ, 一日中, 彼女のこと待ったよ.

Patrick et moi, nous **avons fini** nos devoirs et nous **sommes allés** au cinéma.
　パトリックと私は宿題を終わらせて, 映画に行きました.

Mon petit frère **est né** en 2018.　弟は 2018 年に生まれました.
Ma grand-mère **est née** en 1945.　私の祖母は 1945 年に生まれました.

何が？

Qu'est-ce qui ?

Qu'est-ce qui vole ?　何が飛んでいるの？　— C'est un oiseau !　鳥だよ！
Qu'est-ce qui a changé depuis 20 ans ?　20 年で何が変わりましたか？
Je ne t'ai pas vu ce matin. **Qu'est-ce qui** t'arrive ?　今朝, きみのこと見なかったけど, 何があったの？

Leçon 12

Petits dialogues et entraînement 12

Dialogue A

— J'ai dîné dans un restaurant hier.　昨日は，レストランで夕食を取った．
— Qu'est-ce que tu as mangé ?　何を食べたの？
— J'ai mangé un steak frites.　ステーキのフライドポテト添えを食べた．

Dialogue Aにならって会話をしましょう．

1. Qu'est-ce que tu as mangé ?　　　　—J'(　　　)(　　　) une escalope de veau.
2. Qu'est-ce que tu as bu ?　　　　　　—J'(　　　)(　　　) du vin rouge.
3. Qu'est-ce que tu as pris comme dessert ? —J'(　　　)(　　　) une crème brûlée.

Dialogue B

— J'ai fait les courses vendredi.　金曜日に買いものをした．
— Qu'est-ce que tu as acheté ?　何を買ったの？
— J'ai acheté des légumes et de la viande.　野菜と肉を買った．

Dialogue Bにならって会話をしましょう．

Qu'est-ce que tu as acheté ?

1. —J'(　　　)(　　　) du lait et du beurre.
2. —J'(　　　)(　　　) des fruits.
3. —J'(　　　)(　　　) de l'eau minérale.

Dialogue C

— Tu es allée où dimanche ?　日曜日にどこに行ったの？
— Je suis allée au cinéma.　映画を見に行った．
— Tu as vu quel film ?　どんな映画を見たの？
— J'ai vu un film japonais : *Le vent se lève*.　日本映画の「風立ちぬ」を見た．

Dialogue C にならって1〜3の図を見ながら会話をしましょう．

1. Il est allé où dimanche ?　　　　—Il (　　　)(　　　) au musée.
2. Elle est allée où dimanche ?　　　—Elle (　　　)(　　　) au concert.
3. Vous êtes allés où dimanche ?　　—Nous (　　　)(　　　) à la plage.

1.

2.

3.

Grammaire 12

1. 複合過去形 「～した」

【複合過去形の活用】

A:

visiter (見物する)	
j'ai visité	nous avons visité
tu as visité	vous avez visité
il a visité	ils ont visité
elle a visité	elles ont visité

B:

aller (行く)	
je suis allé(e)	nous sommes allé(e)s
tu es allé(e)	vous êtes allé(e)(s)
il est allé	ils sont allés
elle est allée	elles sont allées

【作り方】

A. 助動詞 **avoir** の現在形 ＋ 過去分詞　　ほとんどの動詞はこの組み合わせです．

　　Il **a visité** le château. 　彼は城を見物した．

　　＊補語人称代名詞は助動詞の前に置きます．　→ Il **l'**a visité. 彼はそれを見物した．

　　この場合，過去分詞は補語人称代名詞の性と数に一致します．

　　　　　　　　　　　　　　　　　　→ Je **l'**ai v**ue** ce matin. 私は今朝彼女に会いました．

B. 助動詞 **être** の現在形 ＋ 過去分詞　　自動詞の一部と，代名動詞はこの組み合わせです．

　　être ＋過去分詞では，過去分詞は主語の性・数に一致します

　　　Elles **sont allées** au stade. 　彼女たちはスタジアムに行った．

> 【助動詞 être を使う動詞】
> aller (行く), venir (venu, 来る), partir (出発する), arriver (到着する), entrer (入る),
> sortir (出る), monter (のぼる), descendre (descendu, 降りる), rentrer (帰宅する),
> tomber (転ぶ, 倒れる), naître (né, 生まれる), mourir (mort, 死ぬ), etc.

【過去分詞の作り方】

・原形の**語尾が** -er の動詞の全て：visiter → **visité**, aller → **allé**
・原形の**語尾が** -ir の動詞の多く：finir → **fini**, partir → **parti**
・その他の動詞：attendre → **attendu**, boire → **bu**, connaître → **connu**, faire → **fait**,
　　　　　　　mettre → **mis**, perdre → **perdu**, pouvoir → **pu**, prendre → **pris**, savoir → **su**,
　　　　　　　voir → **vu**, vouloir → **voulu**, avoir → **eu**, être → **été**

【否定文】
助動詞 avoir あるいは être を ne (n') と pas ではさみます．

　　J'ai visité le château. → Je **n'**ai **pas** visité le château. 　私は城を見物しなかった．
　　Je suis allé au stade. → Je **ne** suis **pas** allé au stade. 　私はスタジアムに行かなかった．

2. 疑問代名詞 「何が」

　　Qu'est-ce qui est intéressant ?　　何が興味をひくのですか？

Exercices 12

Leçon 12

1. （ ）に適語を記入して応答文を作りましょう．（avoir + 過去分詞）

1. Vous avez étudié à l'étranger ? — Oui, j'(　　　) (　　　) en France.
2. Tu as frappé à la porte ? — Non, je n'(　　　) pas (　　　) à la porte.
3. Vous avez eu un accident ? — Oui, nous (　　　) (　　　) un accident de voiture.
4. Tu as commencé à lire ce roman ? — Oui, j'(　　　) (　　　) à lire la première page.
5. Il a changé ? — Non, il n'(　　　) pas (　　　) du tout.

*du tout まったく

2. （ ）に適語を記入して応答文を作りましょう．（être + 過去分詞）

1. Vous êtes parti à quelle heure ? — Je (　　　) (　　　) à dix heures.
2. Vous êtes descendu à quelle station ? — Je (　　　) (　　　) à Bastille.
3. Ils sont venus chez vous ? — Non, ils ne (　　　) pas (　　　) chez moi.
4. Tu es né quand ? — Je (　　　) (　　　) le 15 juin 2001.
5. Quand est-ce qu'elle est morte ? — Elle (　　　) (　　　) en 1995.

3. （ ）に適語を記入して，補語人称代名詞を使った応答文を作りましょう．

1. Vous avez visité le Panthéon ? — Oui, je (　　　) (　　　) visité.
2. Vous avez accepté sa proposition ? — Non, je ne (　　　) (　　　) pas acceptée.
3. Tu as parlé à Paul ? — Oui, je (　　　) (　　　) parlé.
4. Tu as téléphoné à Marie ? — Non, je ne (　　　) (　　　) pas téléphoné.

【フランスの著名人】

Paul Valéry est un poète français.

ポール・ヴァレリーはフランスの詩人です．

Il est né en 1871, et il est mort en 1945.

彼は1871年に生まれ，1945年に死にました．

Sidonie-Gabrielle Colette est une romancière française.

シドニー＝ガブリエル・コレットはフランスの小説家です．

Elle est née en 1873, et elle est morte en 1954.

彼女は1873年に生まれ，1954年に死にました．

Leçon 13 未来のことを言う

Dialogue

Julien : Qu'est-ce que tu feras après tes études à l'université ?

Lucie : Moi, je travaillerai dans une agence de voyages, et j'organiserai des voyages originaux. Et toi ?

Julien : Moi, je serai ingénieur et je travaillerai dans une société d'électronique. J'aurai un jour ma propre entreprise.

Phrases clé

単純未来形を使って言ってみよう

Après mes études, je **travaillerai** dans un laboratoire scientifique.
大学を卒業したら，学術研究所で働くでしょう．

J'**achèterai** une voiture dans deux ans !　2年後に車を買うだろう．

誰がするの？

Qui fera la cuisine aujourd'hui ?　— Ce **sera** mon frère.　＊ fera ＜ faire
今日は誰が料理をするのでしょう？　　私の兄弟がするでしょう．

Qui est-ce qui fera le ménage aujourd'hui ? — Ce **sera** moi.
今日は誰が掃除をするのでしょう？　　私自身がするでしょう．

(*cf.* p. 46　3. 疑問代名詞)

もし～なら

si + 現在形, 未来のこと　「もし～なら，～でしょう」

Si on est à Paris, on **pourra** visiter beaucoup de musées.
パリにいるのなら，多くの美術館を訪れることができるでしょう．

Si c'est nécessaire, je lui **téléphonerai**.　必要なら私は彼に電話するでしょう．

S'il fait beau demain, j'**irai** à la mer.　明日天気が良ければ，海に行くだろう．

Leçon 13

Petits dialogues et entraînement 13

Dialogue A

— Quand tu seras à Paris, qu'est-ce que tu visiteras ?
　パリではどこを見物するつもりなの？
— Je visiterai des monuments historiques.　歴史的な建造物を見物するつもりなんだ．

Dialogue A にならって会話をしましょう．

Quand tu seras à Paris, qu'est-ce que tu visiteras ?

1. — Je (　　　　　　) la tour Eiffel.
2. — Je (　　　　　　) l'Arc de Triomphe.　　　*l'Arc de Triomphe 凱旋門
3. — Je (　　　　　　) le musée du Louvre.

Dialogue B

— S'il fait beau, qu'est-ce que tu feras ?　天気が良ければ何をするつもり？
— S'il fait beau, j'irai au jardin des Tuileries.　天気が良ければチュイルリー公園に行くつもり．

*le jardin des Tuileries チュイルリー公園

Dialogue B にならって 1～3 の図を見ながら会話をしましょう．

Si tu as le temps, qu'est-ce que tu feras ?

1. — Si j'ai le temps, j'(　　　　　　) au marché.
2. — Si j'ai le temps, je (　　　　　　) un livre.
3. — Si j'ai le temps, j'(　　　　　　) une lettre à mes parents.

1. aller au marché　　2. lire un livre　　3. écrire une lettre

Dialogue C

— Le train est déjà arrivé ?　　　　　列車はもう着きましたか？
— Non, pas encore. Il arrivera dans vingt minutes.　いえ，まだです．20分後に着くでしょう．

Dialogue C にならって会話をしましょう．

1. Ton père est déjà arrivé ?
   — Non, pas encore. Il (　　　　　　) dans une demi-heure.
2. Ta mère est déjà arrivée ?
   — Non, pas encore. Elle (　　　　　　) dans un quart d'heure.
3. Tes collègues sont déjà arrivés ?
   — Non, pas encore. Ils (　　　　　　) dans une heure.

Grammaire 13

1. 単純未来形 「〜だろう，〜でしょう」

【活用】

chanter	finir	prendre	avoir	être
je chante**rai**	je fini**rai**	je prend**rai**	j'au**rai**	je se**rai**
tu chante**ras**	tu fini**ras**	tu prend**ras**	tu au**ras**	tu se**ras**
il chante**ra**	il fini**ra**	il prend**ra**	il au**ra**	il se**ra**
nous chante**rons**	nous fini**rons**	nous prend**rons**	nous au**rons**	nous se**rons**
vous chante**rez**	vous fini**rez**	vous prend**rez**	vous au**rez**	vous se**rez**
ils chante**ront**	ils fini**ront**	ils prend**ront**	ils au**ront**	ils se**ront**

【作り方】語幹＋語尾に分かれます．語尾は全ての動詞に共通です．

語幹 多くの場合，動詞の原形から作ります．

a. -er 動詞, -ir 動詞 　動詞の原形の語末の -r をとる.

　　　　　rentrer → **rentre-**　　finir → **fini-**

　　　＊ -er動詞でも，変則的活用をする動詞は現在形第1人称単数形から作ります．

　　　　　acheter → j'achète → **achète-**　　appeler → j'appelle → **appelle-**

b. -re 動詞の多く 　語末の -re をとる.

　　　　　prendre → **prend-**　　mettre → **mett-**

c. 特殊な語幹

原形	語幹	活用		原形	語幹	活用
avoir	**au-**	j'aurai		être	**se-**	je serai
aller	**i-**	j'irai		venir	**viend-**	je viendrai
pouvoir	**pour-**	je pourrai		vouloir	**voud-**	je voudrai
faire	**fe-**	je ferai		dire	**di-**	je dirai
écrire	**écri-**	j'écrirai		lire	**li-**	je lirai
falloir	**faud-**	il faudra		savoir	**sau-**	je saurai

【用法】

a. 未来のことを表します．

　　Il **rentrera** à sept heures.　　　彼は7時に帰宅するでしょう．
　　Sa fille **aura** neuf ans en octobre.　彼（女）の娘は10月に9歳になります．[当然そうなること]

b. 命令や忠告を表します．（主に2人称に対して使う場合）

　　Vous **viendrez** à la gare à onze heures. 　駅に11時に来てください．
　　Tu **seras** sage.　　　　　　　　　おりこうにするんだよ．

Leçon 13

Exercices 13

1. ( ) の中の動詞の単純未来形を記入しましょう.

1. Il ( ) finir les devoirs en trente minutes. (falloir)
2. Mon fils ( ) dix-neuf ans. (avoir)
3. Tu ( ) le journal. (lire)
4. Elle ( ) bonjour à ses amis. (dire)
5. Nous ( ) trouver une solution. (pouvoir)

2. ( ) に適語を記入して応答文を作りましょう.

1. Tu rentreras à quelle heure ? — Je ( ) à dix heures.
2. Vous aurez quel âge cette année ? — J'( ) vingt ans en décembre.
3. Il fera quel temps demain ? — Il ( ) beau demain.
4. Vous travaillerez à Paris ? — Non, je n'y ( ) pas.
5. Après le jogging, qu'est-ce que tu feras ? — Je ( ) une douche. (prendre)

3. 例にならって複合過去形の文を単純未来形の文に書き換えましょう.

例 : Le train est arrivé il y a dix minutes.

　　→ Le train arrivera dans dix minutes.

1. Nous avons fini le travail il y a cinq jours.

　　→ Nous ( ) le travail dans cinq jours.

2. Ce film est sorti il y a une semaine.

　　→ Ce film ( ) dans une semaine.

3. Elle a acheté un ordinateur il y a un mois.

　　→ Elle ( ) un ordinateur dans un mois.

【便利な時間表現2】

il y a, dans, en + 時間

Il a fini ses devoirs il y a 10 jours.　　彼は宿題を10日前に終わらせた.
Il finira ses devoirs dans 10 jours.　　彼は宿題を10日後に終わらせるだろう.
Il finit ses devoirs en 10 jours.　　彼は宿題を10日間で終わらせます.

Leçon 14 過去のことを言う 2

Dialogue

Julien : Tu joues d'un instrument de musique ?

Lucie : Non, je n'en joue plus. Quand j'étais petite, je jouais du piano. Mais maintenant, j'écoute seulement de la musique.

Julien : Tu écoutes quelle musique ?

Lucie : Avant, j'aimais beaucoup Brahms. J'écoutais souvent des CD de Brahms.

Julien : Et maintenant ?

Lucie : Maintenant, j'écoute plus souvent Debussy ou Fauré.

Julien : Moi, j'écoute toujours du jazz.

Phrases clé

過去の状態や習慣を語ってみよう

Je **jouais** aux jeux vidéo quand elle est venue chez moi.
彼女が家に来た時,僕はテレビゲームをしていたよ.

Mon père **était** très beau quand il **était** jeune.
父は,若かった時とても格好良かった.

Tous les dimanches, mon grand-père **lavait** sa voiture.
日曜日にはいつも,祖父は車を洗っていた.

〜しながら〜する

Il prend son petit déjeuner **en lisant** le journal.
彼は新聞を読みながら,朝ごはんを食べる.

J'ai vu le professeur **en rentrant** chez moi.
私は家に帰る時に先生に会った.

Leçon 14

Petits dialogues et entraînement 14

Dialogue A

— Tu as vu Marie ? マリーに会った？ — Oui. うん.
— Elle était comment ? 彼女はどんなだった？ — Elle était très gentille. とても親切だったよ.

Dialogue A にならって会話をしましょう.   ヒント : amusant, émouvant, sympathique

1. — Tu as parlé à Éric ?   — Oui.
   — Il était comment ?   — Il était très (   ). (感じが良い)
2. — Tu as lu ce roman ?   — Oui.
   — Il était comment ?   — Il était très (   ). (ゆかいな)
3. — Tu as écouté cette chanson ? — Oui.
   — Elle était comment ?   — Elle était (   ). (感動的な)

Dialogue B

— Quand tu étais lycéenne, tu faisais du sport ?   高校生の時にスポーツをやっていた？
— Oui, je faisais du judo.   うん，柔道をやっていた.

Dialogue B にならって 1〜3 の図を見ながら会話をしましょう.

1. — Quand tu étais lycéen, tu lisais le journal ? — Non, je ne (   ) pas le journal.
2. — Quand tu étais lycéen, tu écoutais la radio ? — Oui, j'(   ) la radio le soir.
3. — Quand tu étais lycéenne, tu allais souvent au cinéma ?
   　　　　　　　　　　　　— Non, je n'(   ) pas souvent au cinéma.

1. lire

2. écouter

3. aller

Dialogue C

— Tu avais faim ? おなかが空いていたの？
— Oui, j'avais faim. Mais maintenant, je n'ai plus faim. J'ai mangé une tarte.
　うん，おなかが空いていた．だけど今はもうおなかは空いていない．タルトを食べたんだ．

Dialogue C にならって会話をしましょう.

1. — Tu avais soif ?
   — Oui, j'(   ) soif. Mais maintenant, je n'ai plus soif. J'ai bu du jus d'orange.
2. — Tu avais sommeil ?
   — Oui, j'(   ) sommeil. Mais maintenant, je n'ai plus sommeil.
     J'ai dormi une demi-heure.
3. — Tu avais peur des chiens ?
   — Oui, j'(   ) peur des chiens. Mais maintenant, je n'ai plus peur des chiens.
     Alors, j'ai un chien.

Grammaire 14

1. 半過去形 「〜していた，〜だった」

【活用】

chanter	finir	prendre	avoir	être
je chantais	je finissais	je prenais	j'avais	j'étais
tu chantais	tu finissais	tu prenais	tu avais	tu étais
il chantait	il finissait	il prenait	il avait	il était
nous chantions	nous finissions	nous prenions	nous avions	nous étions
vous chantiez	vous finissiez	vous preniez	vous aviez	vous étiez
ils chantaient	ils finissaient	ils prenaient	ils avaient	ils étaient

【作り方】語幹＋語尾に分かれます．語尾は全ての動詞に共通です．

語幹 動詞の現在形 1 人称複数形 (nous) から -ons を除いたものが語幹になります．

parler → nous parl**ons** → **parl-**
finir → nous finiss**ons** → **finiss-**

＊例外は être のみ
être → **ét-**

【用法】

過去の状況，習慣，反復など，過去のある時点で起こっていたことがらを表します．

　　Avant, elle **aimait** la musique classique. 以前は，彼女はクラシック音楽が好きだった．

＊期間が「〜まで」とか，「〜の期間」のように区切られている場合は複合過去を使います．

　　Il **a habité** à Nice jusqu'en 2018. 彼は 2018 年までニースに住んでいた．

2. 現在分詞

【作り方】動詞の現在形 1 人称複数形の活用語尾 -ons を -ant に変える．

parler → nous parl**ons** → **parlant**
finir → nous finiss**ons** → **finissant**

＊例外　avoir → **ayant**
　　　　être → **étant**
　　　　savoir → **sachant**

【用法】

a. 名詞を修飾します：

　　On prend le chemin **conduisant** à la mer. 海へ通じる道を行く．

b. 副詞節に相当し，理由，同時性などを表します．

　　Roulant trop vite, il a eu un accident. スピードを出し過ぎて彼は事故にあった．

3. ジェロンディフ

【作り方】 前置詞 **en** ＋ 現在分詞

【用法】主節の動詞にかかり，同時性，対立，条件，手段などを表します．

　　Elle fait la cuisine **en chantant**. 彼女は歌いながら料理をする．（同時性）
　　En prenant un taxi, vous arriverez à l'heure.
　　　　　　タクシーに乗れば，あなたは定刻に着くでしょう．（条件）

Leçon 14

Exercices 14

1. ( ) の動詞を半過去形に，[ ] の動詞を複合過去形にして記入しましょう．

1. Il (　　　　　) dix-neuf ans lorsqu'il [　　　　　] sa ville．(avoir), [quitter]
2. Je ne (　　　　　) pas qu'ils (　　　　　) amis．(savoir), (être)
3. D'habitude, je (　　　　　) à onze heures．(se coucher)
4. Quand le portable [　　　　　], elle (　　　　　)．[sonner], (dormir)
5. Ce jour-là, il (　　　　　) beau et froid．(faire)

2. ( ) の中の動詞の現在分詞を記入しましょう．

1. J'ai vu Marie (　　　　　) du travail．(revenir)
2. Nous cherchons une personne (　　　　　) français．(parler)
3. (　　　　　) malade, Lucie ne viendra pas．(être)

3. ( ) の中の動詞のジェロンディフを記入しましょう．

1. Jean fait le ménage (　　　　　) de la musique．(écouter)
2. Tout (　　　　　) beaucoup de gâteaux, elle reste mince．(manger) (*cf.* Appendice 5.)
3. J'ai appris cette nouvelle (　　　　　) le journal．(lire)
4. (　　　　　) sur ce bouton, vous pouvez allumer la télé．(appuyer)
5. (　　　　　) par ce mauvais temps, tu attraperas un rhume．(sortir)

【役立つ表現を覚えよう！】

| avoir faim 空腹だ | avoir soif のどが渇いている | avoir chaud 暑い |
| avoir froid 寒い | avoir sommeil 眠い | avoir peur de ～が怖い |

J'avais chaud．J'ai allumé la climatisation．Je n'**ai** plus **chaud** maintenant．
　私は暑かった．クーラーをつけた．今ではもう暑くない．

J'avais froid．J'ai mis mon pull．Je n'**ai** plus **froid** maintenant．
　私は寒かった．セーターを着た．今はもう寒くない．

Un gros chien a aboyé contre lui．Il **a peur** des chiens．
　大きい犬が彼に吠えかかった．彼は犬が怖い．

Lecture 1~14

1　友達紹介　2-71

Julien est étudiant. Il est français.
Il est de Paris.
Lucie est étudiante.
Elle est française.
Elle est de Rennes.

* être de …の出身

2　パリのデパート　2-72

À Paris, il y a quatre grands magasins : le Printemps, les Galeries Lafayette, le Bon Marché, et le Bazar de l'Hôtel de Ville ou BHV. Il y a aussi des supermarchés comme Carrefour, Casino, Monoprix, etc., et des boutiques variées.

3　フランスの人口　2-73

La population de la France est d'environ 66 millions d'habitants.
C'est la moitié de la population japonaise.
Mais en France, une femme a, en moyenne, 2,03 enfants, tandis qu'une femme japonaise a, en moyenne, 1,39 enfants.

* la population est de... 人口は~だ ; 2,03 (deux virgule zéro trois), 1,39 (un virgule trente-neuf), それぞれ 2.03, 1.39のこと. フランスでは小数点を « , » で表す.

4　どんな言葉が話されているのか

D'après une enquête concernant la connaissance des langues étrangères, 38% des Européens parlent anglais, 12% parlent français, 11% parlent allemand, 7% parlent espagnol et 5% parlent russe.

* concernant... ～に関する

5　フランスのマーケット

En France, on achète souvent des aliments frais sur un marché ou chez un primeur.
À Paris, il y a une centaine de marchés, et leur nombre ne diminue pas malgré les supermarchés et les hypermarchés. La qualité des produits, mais aussi la convivialité des marchés et des primeurs, attirent toujours des clients.

* primeur 生鮮野菜・果物屋

6　フェスティヴァル

Il y a de nombreux festivals en France.
Le Nice Jazz Festival a lieu en juillet.
Ce festival attire une quarantaine de milliers de spectateurs chaque année.
Le festival de Saint-Denis est un festival de musique classique organisé en mai et en juin. On donne des concerts dans la basilique cathédrale de Saint-Denis. Cette basilique est très célèbre, parce que les rois de France y reposent.

写真：アフロ

* de nombreux festivals ← des festivals ; a lieu 行われる < avoir lieu ; organisé 催される ; y そこに (*cf.* Leçon 8)

7　オルセー美術館

Le bâtiment du musée d'Orsay est celui de la gare construite pour l'exposition universelle de 1900. En 1939, elle perd sa fonction de gare principale. Certains pensent alors démolir ce bâtiment. Mais grâce aux efforts pour la conservation du bâtiment, il devient un monument historique en 1973 et échappe à la démolition. Il devient finalement le site du musée d'Orsay.

*celui de... 〜のそれ (*cf.* Leçon 9); construit(e) 建てられた; perdre 失う; devient < devenir 〜になる; échapper à... 〜を免れる; site 用地, 敷地

8　レストランガイド

Pour trouver un bon restaurant, on peut consulter un guide gastronomique. *Le guide Michelin* est un des bons guides à consulter. Il a une histoire de plus de cent ans. *Le guide Gault & Millau* est un autre guide aussi célèbre. Sa première parution remonte à 1972. Si on est à Paris, *Le guide Lebey des restaurants de Paris et sa banlieue* est également un bon choix. Ce guide est assez récent par rapport aux autres guides. Mais il a quand même une histoire de vingt-cinq ans.

* un des bons guides 良いガイドブックの1つ

9　セーヌ川に架かる橋

À Paris, plus de trente ponts traversent la Seine. Parmi ces ponts, le Pont-Neuf est le plus ancien malgré son nom. Il est situé au centre de Paris depuis le début du seizième siècle.
Et derrière moi, le pont Alexandre III.

* être situé à… に位置している, にある; derrière 〜の後ろに (*cf.* Leçon 11)

10 César賞

Les César du cinéma sont, comme les Oscars aux États-Unis, des prix pour les meilleurs films, pour les meilleurs acteurs, et pour les meilleures actrices. Chaque année en février, le jury des César sélectionne les lauréats.

11 主治医制度

En France, on doit préalablement désigner un médecin traitant. On le choisit, dans la plupart des cas, parmi les médecins généralistes.
Quand on est malade, on consulte d'abord son médecin traitant et celui-ci oriente le patient vers un spécialiste si c'est nécessaire.

* doit < devoir *cf.* Appendice 6 ; médecin traitant 主治医

12 サッカー Ligue 1

Le championnat de France de football de Ligue 1 commence chaque année en août et finit en mai. Pendant neuf mois, les vingt équipes luttent pour remporter le titre de champion de France. Les matchs de chaque équipe rassemblent beaucoup de spectateurs.
À la fin de la saison, les trois premières équipes se qualifient pour la Ligue des champions de l'UEFA, tandis que les trois dernières équipes sont reléguées en Ligue 2.

* UEFA = Union européenne de Football Association; être relégué en ~に降格される

13　大学の学期

En France, l'année universitaire commence normalement en septembre et finit en juin. Elle est divisée en deux semestres. Le premier semestre dure de septembre à décembre, et le deuxième semestre de janvier à juin. Après trois ans d'études, on obtient le diplôme de licence ; après deux ans d'études de plus, on obtient le diplôme de Master.

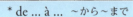
* de … à …　～から～まで

14　パリのオペラ劇場

Autrefois à Paris, « l'Opéra » désignait uniquement l'Opéra construit par Charles Garnier en 1875. C'était le seul Opéra national de Paris. Depuis l'ouverture du nouvel Opéra national de Paris à la Bastille en 1989, pour distinguer les deux Opéras, on appelle l'un « l'Opéra Bastille » et l'autre « l'Opéra Garnier ». À l'Opéra Garnier, on présente principalement des ballets, et à l'Opéra Bastille, on présente des opéras.

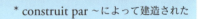
* construit par　～によって建造された

Appendice (P. 70〜73)

単語一覧 (P. 74〜81)

Appendice

1. 名詞・形容詞の複数形（特殊形）

① -s, -x, -z　　　　　　不変　　　　： bus, prix, nez, heureux
② -eu, -eau　　　　　-xを付ける　： cheveu → cheveux, beau → beaux
③ -al　　　　　　　　 -auxにする　： animal → animaux

2. 形容詞の女性形（特殊形）

① -f　　　　　　　　　　-veにする　　　： positif → positive
② 子音を重ねてeを付ける　　　　　　　： bon → bonne ; gros → grosse
③ 男性第2形がある形容詞　　　　　　　： beau, **bel**, belle ; vieux, **vieil**, vieille
　　　　　　　　　　　　　　　　　　　　 nouveau, **nouvel**, nouvelle

＊ bel, vieil, nouvel は母音あるいは無音のhで始まる男性単数名詞の前で使う.

④ その他　　　　　　　　　　　　　　 ： blanc → blanche, doux → douce, frais → fraîche
　　　　　　　　　　　　　　　　　　　　 long → longue etc.

3. 否定の表現

① **ne...pas** (～ない)　　　　　： Elle **n'est pas** étudiante.　　　彼女は学生ではない.
② **ne...plus** (もう～ない)　　 ： Elle **n'est plus** étudiante.　　彼女はもう学生ではない.
③ **ne...jamais** (決して～ない)： Elle **ne** chante **jamais**.　　 彼女は決して歌わない.
④ **ne...personne** (誰も～ない)： Elle **ne** connaît **personne**.　彼女は誰も知らない.
⑤ **ne...rien** (何も～ない)　　 ： Elle **ne** dit **rien**.　　　　　彼女は何も言わない.
⑥ **ne...que**～ (～しか…ない)　： Elle **ne** mange **que** des fruits. 彼女は果物しか食べない.

4. 序数詞

基数詞に -ièmeを付けてつくります．基数詞の語末がeならeを省きます．
数字の右肩にeを付けて表すことができます．

　　2e : deux + -ième → deuxième,　3e : trois + -ième → troisième
　　4e : quatre > quatr + -ième → quatrième

例外：

　　1er, 1 ère : un, une > premier / première
　　5e : cinq > cinquième,　9e : neuf > neuvième

5. -er 動詞の例外

appeler : j'appe**ll**e, tu appe**ll**es, il appe**ll**e, nous appelons, vous appelez, ils appe**ll**ent （呼ぶ）
manger : je mange, tu manges, il mange, nous mang**e**ons, vous mangez, ils mangent （食べる）

Appendice

6. 不規則動詞の活用

devoir（〜しなければならない）	
je dois	nous devons
tu dois	vous devez
il doit	ils doivent
elle doit	elles doivent

Je dois faire la cuisine.
私はお料理をしなければならない．

dire（言う）	
je dis	nous disons
tu dis	vous dites
il dit	ils disent
elle dit	elles disent

Il dit non à tout.
彼はあらゆることにノンという．

écrire（書く）	
j'écris	nous écrivons
tu écris	vous écrivez
il écrit	ils écrivent
elle écrit	elles écrivent

Elle écrit une lettre.
彼女は手紙を書く．

lire（読む）	
je lis	nous lisons
tu lis	vous lisez
il lit	ils lisent
elle lit	elles lisent

Je lis un roman.
私は小説を読む．

7. 代名動詞の用法

① 再帰的用法
　　Il se couche à onze heures.　　彼は 11 時に寝る．
② 相互的用法
　　Ils s'entendent bien.　　彼らは仲がいい．（互いに理解し合っている．）
③ 受動的用法
　　Ça se dit comment en français ?　　それはフランス語ではどう言いますか？
④ 本来の代名動詞
　　Je me souviens bien de ce restaurant.　　私はそのレストランをよく覚えている．

8. 代名動詞の複合過去形

「再帰代名詞」+ être の現在形 + 過去分詞　　＊助動詞はつねに être

se coucher（寝る）	
je me suis couché(e)	nous nous sommes couché(e)s
tu t'es couché(e)	vous vous êtes couché(e)(s)
il s'est couché	ils se sont couchés
elle s'est couchée	elles se sont couchées

＊再帰代名詞が直接目的のとき，過去分詞は主語の性・数に一致する．

9. 近接未来形と単純未来形

① 近接未来形：
- 「いま」とつながった未来，実現性の高い未来を表す
  - Il va pleuvoir.　雨になりそうだ．

② 単純未来形：
- 「いま」とは関わりなく，未来に実現するかも知れないことを表す
  - Il pleuvra peut-être demain.　明日は雨になるかも知れない．
- 当然のこととして未来に実現されることを表す
  - Sa fille aura neuf ans en octobre.　彼（女）の娘は10月に9歳になります．

10. 受動態

【形】être ＋ 過去分詞（＋ par / de ＋動作主）

　　＊過去分詞は主語の性・数に一致する．

L'orchestre est dirigé par Ozawa.　オーケストラは小沢によって指揮される．
Céline est aimée de ses collègues.　セリーヌ（女性）は同僚たちから愛されている．

　　＊状態や感情を表す表現では動作主は"par"ではなく"de"で導くことが多い．

11. 倒置疑問文

Il aime les oranges ? → Aime-t-il les oranges ?　彼はオレンジが好きですか？

　　＊ il, elle を倒置したときに，動詞の最後の文字が母音なら -t- を書き加える．

Jean aime les oranges ? → ~~Aime Jean~~ les oranges ? → Jean aime-t-il les oranges ?

　　＊主語が代名詞でないときは主語を代名詞に置き換えて倒置形をつくる．（複合倒置）

12. 関係代名詞 qui, que, où, dont

① qui（主語）

　　Je vois un journaliste **qui** est très connu au Japon.
　　　私は日本でとても有名なジャーナリストと会う．

　　Je te donne le stylo **qui** est sur la table.
　　　テーブルの上にあるボールペンをきみにあげるよ．

② que（直接目的語）

　　Ce sont ces étudiants **que** j'invite chez moi.
　　　私が家に招待するのはこれらの学生たちです．

　　Voilà le train **que** je prends tous les jours.
　　　ほらそれが私が毎日乗る列車です．

③ où（場所や時）

　　Voilà la maison **où** mes parents habitent.
　　　ほらそれが私の両親が住んでいる家です．

　　Je n'oublierai jamais le jour **où** tu es arrivé ici.
　　　きみがここに到着した日のことを，私は決して忘れないでしょう．

④　dont (de + 先行詞)

　　Ils ont une fille **dont** le prénom est Marie.
　　　彼らには娘がいて，そのファーストネームはマリーです．

　　C'est le dictionnaire **dont** tu as besoin.
　　　これがきみに必要な辞書だ．

● 国名・〜国の・国語

	国名	〜の，〜人	〜語
ドイツ	l'Allemagne	allemand(e)	l'allemand
イギリス	l'Angleterre	anglais(e)	l'anglais
ベルギー	la Belgique	belge	le français, etc.
カナダ	le Canada	canadien(ne)	le français, l'anglais
中国	la Chine	chinois(e)	le chinois
韓国	la Corée	coréen(ne)	le coréen
スペイン	l'Espagne	espagnol(e)	l'espagnol
アメリカ合衆国	les États-Unis	américain(e)	l'anglais
フランス	la France	français(e)	le français
イタリア	l'Italie	italien(ne)	l'italien
日本	le Japon	japonais(e)	le japonais
オランダ	les Pays-Bas	hollandais(e) néerlandais(e)	le hollandais le néerlandais
ポルトガル	le Portugal	portugais(e)	le portugais
ロシア	la Russie	russe	le russe
スイス	la Suisse	suisse	le français, etc.

単語一覧

Leçon 1–Leçon 14 の単語リスト，項目末の青数字は Leçon の数字
略語：*m.* 男性名詞，*f.* 女性名詞，*n.* 男女共用名詞；*pl.* 複数

A

aboyer（犬が）ほえる **14**
accepter 受け入れる，認める **12**
accident *m.* 事故 **12**
accord *m.* 同意，意見の一致 > d'accord **5**
acheter 買う **5**
acteur, actrice 俳優 **10**
adresse *f.* アドレス，住所 **4**
âge *m.* 年齢 **9**
âgé(e) 年を取った **9**
agence *f.* 代理店 **13**
agneau *m.* 子羊 **8**
aimer 好きだ **4**
Allemagne *f.* ドイツ **6**
allemand(e) ドイツの **1**
aller 行く **6**
allumer（電気製品の）スイッチを入れる，つける **7**
alors それでは，それなら **5**
américain(e) アメリカの **1**
ami(e) 友人 **3**
amusant(e) ゆかいな，おもしろい **14**
amuser 楽しませる < s'amuser 楽しむ **11**
an *m.*（経過する）年数：dix ans 10年間 **8**；《年令》~歳 **9**
anglais(e) イギリスの **1**
Angleterre *f.* イギリス **6**
animal *m.* 動物 **2**
année *f.*（1月から12月までの）1年：cette année 今年 **13**
appartement *m.* アパルトマン，マンション **3**

appeler 呼ぶ < s'appeler ~という名前だ **10, 11**
apprendre 知る，学ぶ **14**
appris < apprendre の過去分詞 **14**
appuyer (sur... を) 押す **14**
après ~の後で **13**
après-midi *m.* 午後 **7**
Arc de Triomphe *m.* 凱旋門 **9**
argent *m.* お金 **5**
armoire *f.* 洋服だんす **2**
arrêter 止める < s'arrêter 止まる，立ち止まる **11**
arriver 到着する **7**
article *m.* 商品 **2**
assiette *f.* 皿，(ハム・冷肉などの) 盛り合わせ **8**
attendre 待つ **7, 10**
attends, attendons < attendre
attendu < attendre の過去分詞 **12**
attraper (病気に) かかる **14**
au ← à+le ; aux ← à+les **6**
au revoir さようなら **1**
aucun(e)《ne とともに》どんな~もない **7**
aujourd'hui 今日 **8**
aurai, aurons < avoir **13**
aussi 同じく，もまた **1**
avant 以前は，かつては **14**
avec ~といっしょに **4**
avion *m.* 飛行機 **10**
avocat(e) 弁護士 **1**
avoir 持っている **3**
ayant < avoir の現在分詞 **14**

B

banane *f.* バナナ **7**

banque *f.* 銀行 **11**
bar *m.*《魚》ニシスズキ **8**
bar rôti ニシスズキのロースト **8**
beau 美しい **4**，(天気が) いい **7**
beaucoup とても **4**；beaucoup de... 多くの~ **5**
belge ベルギーの **1**
beurre *m.* バター **5**
bibliothèque *f.* 図書館 **6**
bien sûr もちろん **2**
bien 順調に，元気に **1, 5**
bière *f.* ビール **5**
blanc(he) 白い **5**
bleu(e) 青い **4**
boire 飲む **7, 8**
bois, buvons < boire **8**
boisson *f.* 飲み物 **8**
bon(ne) 良い **4**
bonjour おはよう，こんにちは **1**
bouteille *f.* ボトル，瓶 (びん) **5**
boutique *f.* ブティック，店 **8**
bouton *m.* ボタン **14**
bu < boire の過去分詞 **12**
bureau *m.* オフィス，事務所 **6**
bus *m.* バス **8**

C

Ça fait combien？(全部で) いくらになりますか？ **6**
ça それ **2, 5**
cacher 隠す < se cacher 隠れる **11**
cadeau *m.* プレゼント **6**
café *m.* カフェ，喫茶店 **4**，コーヒー **5**
cafétéria *f.* カフェテリア **4**
cahier *m.* ノート **3**

単語一覧

campagne f. 田舎 ; maison de campagne 別荘 6
Canada m. カナダ 6
cathédrale f. カテドラル, 大聖堂 9
ce (cet), cette, ces この, その, あの 4
ceci これ 5
cela それ 5
celle(s)（指示代名詞女性形）それ(ら) 9
celui（指示代名詞男性単数形）それ 9
cent（数）100 5
ceux（指示代名詞男性複数形）それら 9
chaise f. 椅子 2
chambre f. 部屋, 寝室 7
changer 変わる ; 変える 12
chanson f. 歌 14
chanter 歌う 10
chanteur, chanteuse 歌手 10
chaque ～毎に, 各の 6, 7
chat m. 猫 2
château m. 城, 城館 12
chaud 暑い 7, 14
chaussure f. 靴 4
chemin m. 道 14
chercher 探す 4
cheveu m.《主に複数形：cheveux》髪の毛 11
chez ～の家に 6
chien m. 犬 2
Chine f. 中国 6
chinois(e) 中国の 1
choisir 選ぶ 7
chose < quelque chose 7
ciel m. 空 7
cinéma m. 映画 ; 映画館 8
cinq（数）5 3
cinquante（数）50 5
classe f. クラス, 学級 9
classique クラシックの 14

clé f. キー, 鍵 1
climatisation f. エアコン 14
collégien(ne) 中学生 3
collègue n. 同僚 13
combien《価格・数量などをたずねる》いくら, どれだけ 5
combien < le combien（何月の）何日 6
combien de (+ 無冠詞名詞)《数・量をたずねる》どれだけの 5
comme ～として 8 ; 例えば～のような 10
commencer 始める, (à + 動詞の原形)～し始める 12
comment どんな 4 ; どのように 6
commode f. 整理だんす 2
concert m. コンサート 6
conduire 車を運転する 9, ～へ通じる 14
conduisant < conduire の現在分詞 14
confortable 快適な 4
connais, connaissons < connaître 10
connaître（人・ものを）知っている 10
connu < connaître の過去分詞 12
consulter 見る, 参照する, 相談する 7
contre ～に対して 14
copain, copine 友達, 仲間 12
coréen(ne) 韓国の 1
côtelette f.（骨付きの）背肉 8
coucher 寝かせる < se coucher 寝る 11
courriel(le) 電子メールの 10
cours m. 授業 3
courses 買いもの < faire les courses 買いものをする 12

crème brûlée f. クレーム・ブリュレ 12
crêperie f. クレープ店 4
crudité f. 生野菜 8
cuisine f. 台所, 料理 13
cuisinier, cuisinière 料理人, コック 10

D

d'accord いいよ, オーケー 5
dans ～の中に 2
danser ダンスをする 9
de l'（部分冠詞 [母音の前]）5
de la（部分冠詞女性形）5
décembre m. 12月 13
déjà すでに 13
déjeuner 昼食をとる 4
demain 明日 ; à demain また明日 3
demander 頼む, 依頼する 10
demie f. 30分（過ぎ）, 半時間 7
demi-heure f. 半時間, 30分 13
dent f. 歯 11
depuis（過去のある時点）から 7
derrière ～の後ろに 11
des（不定冠詞複数形）2
descendre 降りる 10
descends, descendons < descendre 10
descendu < descendre の過去分詞 12
dessert m. デザート 12
deux（数）2 3
devant ～の前に 11
devoir m. 宿題 12
devoir ～しなければならない 11
d'habitude ふだんは, いつもは 14
dialogue m. 会話 1
dimanche m. 日曜日 6
dîner 夕食をとる 7
dirai, dirons < dire 13

75

dire 言う 10
dis, dit, disons < dire 10
dix（数）10 3
dix-huit（数）18 3
dix-neuf（数）19 3
dix-sept（数）17 3
dois, devons < devoir 11
donner 与える 10
dormir 眠る 8
d'où どこから 6
douche f. シャワー 13
douze（数）12 3
droite f. 右；à droite 右に 11
du（部分冠詞男性形）5
du ← de+le ; des ← de+les 6

E

eau f. 水 5
eau minérale f. ミネラルウォーター 12
école f. 学校 6
écouter 聞く 5
écrire 書く 10 < s'écrire 互いに手紙を書く 11
écris, écrivons < écrire 10
écrivain m. 作家 10
effacer 消す 7
église f. 教会 11
électronique 電子の，電子工学の 13
elle 彼女 1
elles 彼女たち 1
emmène, emmenons < emmener 10
emmener 連れて行く 10
émouvant(e) 感動的な 14
en（中性代名詞）それ 5
encore まだ；pas encore まだ～ない 3
enfant n. 子供 3
ensemble いっしょに 9
ensuite それから 6
entraînement m. 練習 1

entre ～の間の 12
entrée f. 入り口 7
entreprise f. 会社，企業 8
entrer 入る 12
énumérer 列挙する 9
escalope f. エスカロップ [薄切り肉] 8
espagnol(e) スペインの 1
et そして 1
étais, étions < être 14
étant < être の現在分詞 14
États-Unis m.pl.（アメリカ）合衆国 6
été < être の過去分詞 12
été m. 夏 4
étranger m. 外国 12
être ～です 1
étude f.《複数形で》（学校・大学での）勉強，学業 13
étudiant(e) 学生 1
étudier 勉強する 6
eu < avoir の過去分詞 12
euro m. ユーロ [記号は€] 3
eux 彼ら 6
examen m. 試験，テスト 10
exercice m. 練習問題 1

F

fac f. 学部，大学 6
faim f. 空腹 14
faire ～をする，作る 7
faire le ménage（家の）掃除をする 13
fais, faisons < faire 7
fait < faire 12
falloir → il faut（+動詞の原形）～しなければならない 7
famille f. 家族 9
farine f. 小麦粉 5
faudra < falloir 13
faut < falloir 7
femme f. 女性 1，妻 4
ferai, ferons < faire 13

fermer 閉じる 7
festival m. フェスティヴァル，祭典 6
fête f. 祝祭，祝祭日 6
fille f. 少女，娘 2
film m. 映画 10
fils m. 息子 3
fini < finir の過去分詞 12
finir 終える，終わる 7
finis, finissons < finir 7
fleuve m.（海に注ぐ大きな）川，大河 9
football m. サッカー 7
fort(e) 強い，～がよくできる 9, 強く 11
fraise f. イチゴ 4
français(e) フランスの 1
France f. フランス 6
frapper たたく；frapper à la porte ドアをノックする 12
frère m. 兄弟 3
frites f. pl. フライドポテト 8
froid 寒い 7
fruit m. 果物 4
fumer たばこを吸う 7

G

gagner（試合などに）勝つ 12
garçon m. 少年 2
gare de Lyon f.（パリの）リヨン駅 2
gare f. 駅 2
gâteau m. ケーキ 5
gauche f. 左；à gauche 左に 6, 11
gentil(le) 親切な 14
géographie f. 地理 9
glace f. アイスクリーム 5
gomme f. ゴム，消しゴム 7
grammaire f. 文法 1
grand(e) 大きい 4
grand-mère f. 祖母 9
grand-père m. 祖父 9

単語一覧

gros(se) 大きな, 太った 14
guitare *f.* ギター 9

H

habiter 住む 4
habitude *f.* 習慣 > d'habitude 14
haut(e) 高い 9
hauteur *f.* 高さ 9
heure *f.* 時刻, ～時（じ） 7
hier 昨日 12
histoire *f.* 話, 物語 4
historique 歴史的な 13
hiver *m.* 冬 6
homme *m.* 男性 1
hôpital *m.* 病院 4
hôtel *m.* ホテル 2
huile *f.* 油, オイル 9
huit（数）8 3

I

ici ここ 7
il y a ～がある 2
il 彼 1
illustration *f.* 挿絵, イラスト 7
ils 彼ら 1
indonésien(ne) インドネシアの 1
ingénieur *m.* 技師, エンジニア 13
instrument *m.* 楽器, 道具 14
intéressant(e) 面白い, 興味深い 12
invité(e) 招待客 8
inviter 招待する 10
irai, irons < aller 13
Italie *f.* イタリア 6
italien(ne) イタリアの 1

J

jambon *m.* ハム 8
janvier *m.* 1月 6
Japon *m.* 日本 6
japonais(e) 日本の 1
jardin *m.* 公園, 庭, 庭園 11
jazz *m.* ジャズ 6
je 私 1
jeu(x) vidéo *m.* テレビゲーム 14
jeune 若い 4
jogging *m.* ジョギング 13
joli(e) かわいい 4
jouer《de...を》演奏する, 遊ぶ;（役を）演じる 9
jour *m.* 日, 曜日 6
journal *m.* 新聞 13
journaliste *n.* ジャーナリスト 1
judo *m.* 柔道 14
juillet *m.* 7月 6
juin *m.* 6月 6
jupe *f.* スカート 2
jus *m.* ジュース 5
jusque ～まで 14

K

kilo *m.* キログラム 5
kilomètre *m.* キロメートル [記号はkm] 9

L

la（定冠詞女性単数形）2
la（目的語人称代名詞）彼女（それ）を 10
là そこに 2
laboratoire *m.* 研究所, 実験室 13
lait *m.* ミルク 5
langue *f.* 言語 4
laver 洗う < se laver 自分の体を洗う, 自分の（手・顔など を）洗う 11
le（定冠詞男性単数形）2
le（目的語人称代名詞）彼（それ）を 10
leçon *f.*（教科書の）課 1
léger, légère 軽い 9
légume *m.* 野菜 5

les（定冠詞複数形）2
les（目的語人称代名詞）彼（女）らを・それらを 10
lettre *f.* 手紙 13
leur (+ 単数名詞) 彼（女）たちの 4
leur（目的語人称代名詞）彼（女）らに 10
leurs (+ 複数名詞) 彼（女）たちの
lever 起こす < se lever 起きる 11
libre 暇がある, 空いている 6
lirai, lirons < lire 13
lire 読む 11, 13, 14
lis, lisons < lire 11
lisais, lisions < lire 14
lit *m.* ベッド 2
litre *m.* リットル 5
livre *m.* 本 2
long, longue 長い 9
longueur *f.* 長さ 9
lorsque ～の時に 14
lu < lire の過去分詞 14
lui（目的語人称代名詞）彼（女）に 10
lui 彼 4, 6
lundi *m.* 月曜日 6
lycéen(ne) リセの生徒, 高校生 14

M

ma (+ 女性単数名詞) 私の 4
madame *f.*（女性に対して）～さん, ～夫人 1
magasin *m.* 商店；grand magasin デパート 2
main *f.* 手 11
maintenant 今 3
mais しかし 3
maison *f.* 家 3
malade 病気の 11
manger 食べる 5

77

manteau *m.* コート 9
marchand(e) お店屋さん 5
marché *m.* 市場，マーケット 13
mari *m.* 夫 10
marié(e) 結婚している 3
mars *m.* 3月 6
match *m.* 試合 7
matin *m.* 朝，午前 7
mauvais(e) 悪い 4
me（目的語人称代名詞）私を・私に 10
médecin *m.* 医者 1
Méditerranée *f.* (=la mer Méditerranée) 地中海 7
meilleur(e) よりよい 9
ménage *m.*（家庭内の）掃除 13
menu *m.* コース料理 8
mer *f.* 海 13
merci 有り難う 1
mercredi *m.* 水曜日 6
mère *f.* 母 2
mes（+複数名詞）私の 4
mètre *m.* メートル 9
métro *m.* 地下鉄 2
mets, mettons < mettre 9
mettre 置く，入れる，身につける 9 ; se mettre (à +動詞の原形) ～し始める 11
meuble *m.* 家具 2
meunière *f.* ムニエルにした [à la meunière の略] 8
midi *m.* 正午 7
mieux よりよく 9
mille（数）1000 5
mince ほっそりした 14
minuit *m.* 真夜中，夜中の12時 7
minute *f.*《時間の単位》分 13
mis < mettre の過去分詞 12
moi 私 1, 4
moins《劣等比較》より少なく ～ 9
moins《時刻》～分前 7

mois *m.*《暦の》月，1か月 13
mon（+男性単数名詞）私の 4
monter のぼる，上がる，乗る 12
montre *f.* 腕時計 3
monument *m.*（歴史的な）建造物 13
mort(e) < mourir の過去分詞 12
moto *f.* バイク 3
mourir 死ぬ 12
musée *m.* 美術館，博物館 6
musicien(ne) 音楽家 10
musique *f.* 音楽 5

N

naître 生まれる 12
natation *f.* 水泳 8
national(e) 国の 6
né(e) < naître の過去分詞 12
nécessaire 必要な 13
neige *f.* 雪 7
neuf（数）9 3
Noël *m.* クリスマス 6
noir(e) 黒い 4
non いいえ 3
normalement 普段は 8
nos（+複数名詞）私たちの 4
notre（+単数名詞）私たちの 4
nous（目的語人称代名詞）私たちを・私たちに 10
nous 私たち 1
nouvel an 新年 6
nouvelle *f.* 知らせ，ニュース 14
nuage *m.* 雲 7
nuit *f.* 夜 : Il fait déjà nuit. もう日が暮れた 7

O

occidental(e) 西洋の 9
occuper（場所を）占める < s'occuper (de...の) 世話をする 11
oignon *m.* タマネギ 8

oiseau *m.* 鳥 12
on 人は，人々は，誰かが，《話し言葉》私たちは 4, 7
oncle *m.* 伯父・叔父 10
onze（数）11 3
opéra *m.* オペラ 4
orange *f.* オレンジ 4
ordinateur *m.* パソコン 2
organiser 企画する 13
où どこに 6
oui はい 1

P

page *f.* ページ 12
pain *m.* パン 5
pantalon *m.* ズボン 2
Panthéon *m.* パンテオン 2
parapluie *m.* 傘（かさ）3
parce que《理由》～だから 6
pardon《間投詞的に》ちょっと失礼，すみません 5
parents *m.pl.* 両親 4
parfum *m.* 香水 10
parking *m.* 駐車場 9
parler 話す 4
pars, partons < partir 8
partir 出発する 8
passer 通る，通過する 8
pêche *f.* モモ 4
peintre *n.* 画家 1
perdre 失う，(試合などに) 負ける 12
perdu < perdre の過去分詞
père *m.* 父 2
personne < ne ... personne だれも～ない 7
petit(e) 小さい 4
peur *f.* 恐怖 14
peux, pouvons < pouvoir 7
photographe *n.* 写真家 1
phrase *f.* 文章 1
physique *f.* 物理学 9
piano *m.* ピアノ 14

piscine *f.* プール　6
pizzeria *f.* ピザハウス　4
plage *f.* 浜辺，海水浴場　12
plaisir *m.* 喜び　7
plat *m.* 皿，(皿に盛った)料理，メイン料理　8
pleurer 泣く　9
pleut → il pleut 雨が降る　7
plus《優等比較》より多く～　9
poète *n.* 詩人　12
point *m.* 点，(試験などの)点数　9
poisson *m.* 魚　8
pomme *f.* リンゴ　4
Pont-Neuf *m.* ポン・ヌフ　2
portable *m.* 携帯電話　7
porte *f.* ドア　7
Portugal *m.* ポルトガル　6
poser 置く，(質問を)する　8
pour ～のために　6
pourquoi《疑問》なぜ　6
pourrai, pourrons < pouvoir　13
pouvoir ～できる　7
précisément 正確に　9
premier *m.* 一日(ついたち)　6
premier, première 最初の　12
prendrai, prendrons < prendre　13
prendre とる　8
prends, prenons < prendre　8
près de ... ～の近くに　6
pris < prendre の過去分詞　12
prochain(e) この次の　3
professeur *n.* 教師　1
promener 散歩させる < se promener 散歩する　11
proposition *f.* 提案　12
propre 自分自身の　13
pu < pouvoir の過去分詞　12
pull *m.* セーター　14

Q

quand いつ　6
quarante (数) 40　5
quart < un quart d'heure 15分　13
quart *m.* 15分　7
quartier *m.* 街，界隈(かいわい)　9
quatorze (数) 14　3
quatre (数) 4　3
quatre-vingt-dix (数) 90　5
quatre-vingts (数) 80　5
quatre-vingt-un (数) 81　5
que, qu'est-ce que 何を　5, 8
quel(le) どんな，どの　4
quelque chose 何か，ある物，ある事　7
quelqu'un 誰か　7
qu'est-ce qui 何が　12
question *f.* 質問　11
qui, qui est-ce que 誰を　10
qui, qui est-ce qui 誰が　9, 10
quinze (数) 15　3
quitter 離れる，去る　14

R

radio *f.* ラジオ　10
regarder 見る　11
régime *m.* ダイエット：être au régime ダイエット中だ　7
rentrer 帰宅する　7
répéter 繰り返し言う　7
répondre 答える，返事をする，返事を書く　10
réponds, répondons < répondre　11
reposer 休ませる < se reposer 休む　11
restaurant *m.* レストラン　4
rester 滞在する　7;(ある状態に)とどまる　14
résultat *m.* 結果　10

retourner 戻る　6
retrouver ～と再会する > se retrouver 落ち合う　11
réveiller 目を覚まさせる　10
revenir 戻ってくる　14
rhume *m.* 風邪　14
rien < ne ... rien 何も～ない　7
riz *m.* 米　5
rôle *m.* (芝居・映画の) 役　10
roman *m.* 小説　12
romancier, romancière 小説家　12
rôti(e) ローストした　8
rouge 赤い　4
roulant < rouler の現在分詞　14
rouler (車で) 走る　14
rue *f.* 通り　3
russe ロシアの　1

S

sa (+ 女性単数名詞) 彼(女)の　4
sac *m.* バッグ　2
sachant < savoir の現在分詞　14
sage (子供が) おとなしい，お利口な　13
Sainte-Chapelle *f.* サント・シャペル　2
sais, savons < savoir　9
salle *f.* 部屋　7
salut《あいさつ》やあ!, じゃあまた　3
samedi *m.* 土曜日　6
saurai, saurons < savoir　13
savoir (ことを) 知っている；(+ 動詞の原形) ～することができる　9
scientifique 科学の，学術的な　13
seize (数) 16　3
selon ～に応じて，～に従って　9

semaine *f.* 週，1週間　3
sept（数）7　3
serai, serons < être　13
sérieux, sérieuse　まじめな　4
serré(e)　接戦の　12
serveur　ウェーター，serveuse　ウェートレス　8
servir　給仕する　8
ses（+複数名詞）彼（女）の　4
seulement　〜だけ　14
si（否定疑問に対して）いいえ　3
si　これほど，そんなに　11
si　もし〜なら　13
s'il te plaît《tuに対して》どうぞ，お願いするよ　5
s'il vous plaît《vousに対して》どうぞ，お願いします　5
six（数）6　3
société *f.* 会社，法人；社会　13
sœur *f.* 姉妹　3
soif *f.* （のどの）渇き　14
soir *m.* 夜　6
soixante（数）60　5
soixante-dix（数）70　5
sole *f.* シタビラメ　8
solution *f.* 解決，解決法，打開策　13
sommeil *m.* 眠け，睡眠　14
sommet *m.* 山頂　9
son（+男性単数名詞）彼（女）の　4
sonner　鳴る　14
sorbet *m.* シャーベット　9
sors, sortons < sortir　8
sortie *f.* 出口　11
sortir　出る，外出する　8；公開される　13
soupe *f.* スープ　8
sous　〜の下に　2
souvent　しばしば　10
sport *m.* スポーツ　14
stade *m.* 競技場，スタジアム　12
station *f.* （地下鉄の）駅　2

steak frites *m.* ステーキのフライドポテト添え　8
steak *m.* ステーキ　8
styliste *n.* デザイナー　1
stylo *m.* ボールペン　3
su < savoir の過去分詞　12
sucre *m.* 砂糖　9
superbe　見事な，すばらしい，立派な　12
supermarché *m.* スーパーマーケット　11
sur　〜の上に　2
sympathique　感じのいい　14

T

ta（+女性単数名詞）きみの　4
table *f.* テーブル　2
tarte *f.* タルト［果物などをのせたパイ］9, 14
taxi *m.* タクシー　8
te（目的語人称代名詞）きみを・きみに　10
télé *f.* テレビ　7
téléphoner　電話をする　10
télévision *f.* テレビ　14
temps *m.* 天気，時間　7, 13, 14
tes（+複数名詞）きみの　4
TGV *m.* フランスの新幹線　2
thaïlandais(e)　タイの　1
thé *m.* ティー，紅茶，茶　5
théâtre *m.* 劇場　6
toi　きみ，おまえ　1, 4, 6
toilettes *f. pl.* トイレ　6
tomber　転ぶ，倒れる　12
ton（+男性単数名詞）きみの　4
tôt　早く　11
toujours　いつも　14
tour Eiffel *f.* エッフェル塔　2
tour *m.* 一周　8
tous les dimanches　毎週日曜日　14
tous les jours　毎日　11

Toussaint *f.* 諸聖人の祝日　6
tout de suite　すぐに　11
tout　すべて　5
toute la journée　一日中　12
train *m.* 列車　6
travail *m.* 仕事　6
travailler　働く，勉強する　8
treize（数）13　3
trente（数）30　5
très　とても　6
trois（数）3　3
trop　あまりに〜すぎる　11
trouver　見つける　13
tu　きみは　1

U

un（不定冠詞男性単数形）2
une（不定冠詞女性単数形）2
universitaire　大学の　4
université *f.* 大学　4

V

vais, allons < aller　行く　6
valise *f.* スーツケース　3
varié(e)　さまざまな　2
veau *m.* 子牛　8
vélo *m.* 自転車　2
venir　来る　6
vent *m.* 風　12
venu(e) < venir の過去分詞　12
verre *m.* グラス，グラス一杯の〜　5, 9
vert(e)　緑の　4
veste *f.* ジャケット　2
vêtement *m.* 衣服　2
veux, voulons < vouloir　5
viande *f.* 肉　5
viendrai, viendrons < venir　13
viens, venons < venir　6
vietnamien(ne)　ベトナムの　1
vieux, vieille　古い　4
ville *f.* 都会，都市，町　6

vin *m.* ワイン **5**
vingt（数）20 **3**
visage *m.* 顔 **11**
visiter 見物する，見に行く **10**
vite 速く **9**
voici ほらここに〜がある **2**
voilà ほらそこに〜がある **2**
voir 見る，見える **7**
vois, voyons < voir **7**
voiture *f.* 車 **2**
voler 飛ぶ **12**
vos（+複数名詞）あなた（たち）の **4**
votre（+単数名詞）あなた（たち）の **4**
voudrai, voudrons < vouloir **13**
voudrais, voudrions < vouloir **5**
vouloir ほしい，〜したい **5**
voulu < vouloir の過去分詞 **12**
vous（目的語人称代名詞）あなた（たち）を・あなた（たち）に **10**
vous あなた **1**
voyage *m.* 旅行 **13**
vraiment 本当に，実際に，まったく **12**
vu < voir の過去分詞 **12**

Y

y（中性代名詞）そこに **8**

Z

zéro（数）0 **3**

きみはな
─きみと話したい！フランス語 スマート版─

検印省略	©2019年1月30日　初 版 発 行
	2025年1月30日　第7刷発行

著 者　　　　　大久保　政憲

　　　　　　　　木　島　　愛

発行者　　　　　　　　原　雅久

発行所　　　　　　株式会社 朝日出版社

　　　　　〒101-0065 東京都千代田区西神田3-3-5

　　　　　　電話　　(03) 3239-0271/72

　　　　　　振替口座　00140-2-46008

　　　　　　http://www.asahipress.com/

　　　　メディアアート／TOPPAN クロレ

乱丁・落丁本はお取り替えいたします
ISBN 978-4-255-35299-2 C1085

本書の一部あるいは全部を無断で複写複製（撮影・デジタル化を含む）及び転載することは、法律上で認められた場合を除き、禁じられています。

フランス語練習カイエ

大久保 政憲

ISBN978-4-255-01247-6
定価1,496円
（本体1,360円+税10%）
B5判／80p.／2色刷

WEBで確認、カイエ（問題集）で定着!

- 初学者にも解きやすい、テーマ別見開き文法練習問題集
- 語句やヒントも提示されているので、この1冊だけで復習が可能
- WEBに音声・文法解説・辞書・追加練習問題・コラムを掲載

見開きでテーマごとに解けるから、はじめやすく続けやすい
WEB解説でわからなかったところもスッキリ解消
大学1年間のフランス語文法を定着させて、**めざせ 仏検一発合格!**

仏検公式基本語辞典

3級・4級・5級 新訂版

公益財団法人 フランス語教育振興協会＝編
編集責任者 北村卓

ISBN978-4-255-01204-9
定価2,750円
（本体2,500円+税10%）
新書判／336p.／2色刷／見出し語1720

3級、4級、5級試験の全問題はここから作成!
仏検実施機関公認の唯一の辞典がリニューアル!

- この本は仏検実施機関公認の**公式辞典**です。
- 3級、4級、5級の問題はすべてこの辞典に掲載された語から作成。
- **3級760語、4級400語、5級560語**の計1720語を級ごとに色分け収録。
- 「新つづり字」も併記。新しいフランス語の表記にも対応しています。
- 各見出し語と例文の音声つき。

フランス文学小事典 増補版

岩根久＋柏木隆雄＋金﨑春幸＋
北村卓＋永瀬春男＋春木仁孝＋
山上浩嗣＋和田章男＝編

ISBN978-4-255-01168-4
定価2,750円
（本体2,500円+税10%）
B6判変型／400p.／2色刷／項目数総計535

これさえあればフランス文学の骨子が分かる!

項目として挙げた**作家数279、作品数171、事項数85**。
作家・作品、事項、どこからでもすぐ引くことができます。
巻末には年表、年代別索引を付しました。
増補に伴い、読書案内もパワーアップ。

(株)朝日出版社 第一編集部　〒101-0065 東京都千代田区西神田3-3-5　TEL:03-3239-0271